狼烟滚滚的年代

——散发着黄土和硝烟的气味

李株 著

北京邮电大学出版社
www.buptpress.com

内容简介

本书是一部叙事诗集，是从作者1945—1951年创作的全部诗歌中节选组成。全集近60首诗，大致分为两类：

第一辑～第五辑是第一类，主要描写20世纪40年代后期，晋绥地区的军民战斗与生活的景象。晋绥群众支前景象，跃然纸上。如《支前诗抄》中的《灯》、《雪地赶驴去劳军》等，乡土气息扑面而来，令人过目不忘。

第六辑～第八辑是第二类，是真实性很强的叙事诗。它们分别揭示了蒋军士兵变为解放军战斗英雄的过程；抗日战争中一个乡村的景象以及敌后减租减息土改的过程。

第九辑没有受信天游或格律诗的限制，是作者随心感言。

图书在版编目(CIP)数据

狼烟滚滚的年代——散发着黄土和硝烟的气味/李株著.--北京：北京邮电大学出版社，2012.7

ISBN 978-7-5635-3104-2

Ⅰ.①狼… Ⅱ.①李… Ⅲ.①诗集—中国—当代 Ⅳ.①I227

中国版本图书馆CIP数据核字(2012)第136156号

书　　名：狼烟滚滚的年代——散发着黄土和硝烟的气味
作　　者：李　株
责任编辑：徐振华
出版发行：北京邮电大学出版社
社　　址：北京市海淀区西土城路10号(邮编：100876)
发 行 部：电话：010-62282185　传真：010-62283578
E-mail：publish@bupt.edu.cn
经　　销：各地新华书店
印　　刷：北京联兴华印刷厂
开　　本：889 mm×1 194 mm　1/32
印　　张：9.25
字　　数：135千字
印　　数：1—1 000册
版　　次：2012年7月第1版　2012年7月第1次印刷

ISBN 978-7-5635-3104-2　　定　价：28.00元

自　序（一）

狼烟滚滚，烽火漫天……
年近九旬，
心深处还跳动着那个年代；
六十多年过去，
还在不断地回忆，
思索生命的真谛。

这是诗吗？平俗直白，
近似口语，没有韵味。
那是我写的吗？
我一个“童生”，
年轻时是，老了还是，
这样长的时间，不思进取。

从没有想过——
流传后世，出人头地；
活着能看到六十年前自己的涂鸦，
见证那一段历史，
已经是幸运。
一组短镜头，

已凝固在历史深处。
诗不动人豪情在，
青春踏歌走过来。

我不是专业作者，
但我愿意接受批评。
因为我也经过 1942 年的整风，
收获了三个字“工农兵”！
四面八方的朋友，
但愿你从我的诗中，
看到狼烟滚滚，
从空气中嗅到黄土的芳香。

自　序（二）

这是我走来的路上，
生命留下的足迹。
但在政治风浪里，
不是光荣而是“耻辱”；
不是生命的满载，
而是“修正主义”和“不务正业”。

但这是我的“青春之歌”呀！
灵魂的哭泣是真正的无奈。
进入老龄，我一无所有，
最珍贵的唯有回忆。
在回忆中寻找自己，
同时找到了安慰。

原谅我……竟搜出这些歪句。
我没有读过彭斯，
没有吻过缪斯的手，
不懂二次方程式和牛顿定律。
那不是我的错，是时代错了，
赋予了年轻生命不能承受之重。

当时的“匹夫”，
这和代代相继的学者怎能相比。

好在我就要远行，
能微笑着和你们告别，
和过去的时代说声“再见”！
我不是海燕穿越暴风雨……
也不是火中的凤凰。
但我相信还有来世，
有风韵和魂脉的存在，
还有抱琴行吟的同伴！

目　　录

第一辑　战士颂歌（五首）

沉默的排长

沉默的排长，
躺在担架上。
鲜血透军衣，
只有一丝气。

连里诉苦会，
只抹两把泪。
谁知他胸膛，
滚着什么浪。

大军围运城，
排长请战功：
愿带突击组，
冲锋先登城！

道路早看好，
炸弹围满腰，
刺刀都磨快，
单等冲锋号。

排炮怒吼过，
炸药也放好，
云梯抬过来，
一面红旗飘。

喝过决心酒，
酒啊热心头。
举起冲锋枪：
“好汉跟我走！”

一片火的海，
大地滚惊涛。

火中一闪现，
又被硝烟罩。

冲过火力网，
越过城外壕。
鹿砦留身后，
子弹闪开道！

三三五五人，
倒在云梯下。
点点滴滴血，
染在云梯上。

疑是他牺牲，
却在城头立。
任凭弹片飞，
双手擎定旗。

那就是象征，
那就是命令：
城头红旗闪，
城下千军涌。

战士的本色，
千金也不换。
生前来诉苦，
死后无遗言。

那样的年代，
灵魂最可贵。
几个津贴钱，
留作交党费。

一九四八年十月　山西新绛石人巷

在这水井边

在这水井边，
苍松遮住天。
树旁竖石碑，
行人站碑前：

一九四七年，
运城攻坚战。
有一股敌人，
突围向北窜。

部队奉命追，
铁脚走在先。
三人尖兵组，
离开大队远。

在这水井边，
展开牵制战。
碑上三英雄，
抱住敌近千。

敌人四面围，
英雄不畏难，
哪边敌人近，
机枪到哪边。

敌人倒一片，
岂能把心甘。
在这松树林，
疑有几个连。

三人打红眼，
枪筒欲冒烟，
子弹全打光，
拿起手榴弹。

在这井水边，
英雄发誓言：
只要一息存，
敌人休想窜！

一人伤右臂，
左臂来投弹。
两人伤在胸，
牙咬炸弹弦。

炸弹也扔完，
英雄身犹站。
怀中抱定枪，
三人相互挽。

敌人冲上前，
见人在井边。
敌人到井边，
只听水声溅。

搜遍松林地，
但见炸弹弦。
满地子弹壳，
鲜血把土染……

歼灭逃兵后，
连队到井边。
战士不流泪，
把枪举向天。

每年清明节，
人民来祭奠。
井水永无波，
心中常思念。

每年五月末，
放眼不见边。
风摆黄金浪，
一片好麦田。

在这水井边，
苍松遮住天。
树旁竖石碑，
行人站碑前。

一九四九年五月　晋南临汾郊外

水

——同志！递给我军壶，
我要喝光水……
看呀，那是道瀑布……
不！那是黑烟柱。

听！雷声多么响，
乖乖，下着多大雨……
哦！那是排炮声，
沙石掀满地。

仰攻失败了，
同志都撤回。
敌人占地利，
火力正发威。

常有这种事，
并不叫失悔。
再次战斗前，
定然喝足水。

伤处像火烧，
口干唇也焦。
再摸行军壶，
还是摸不到。

子弹声啾啾，
附近有水沟？
好哇，让我拢紧手，
鞠水喝个够。

不，做个俯卧撑，
两臂都展开，
嘴唇贴水面，
那才叫痛快……

万里长征中，
金沙大江岸，
一路都跑步，
抢占渡口滩。

一会儿下大雨，
一会儿烈日照，
嘴唇都起泡，
也是渴难熬。

脚下有清泉，
流水真诱人。
命令传下来，
有毒不能饮……

战士的需求，
降到最低点。
只要一杯水，
把血来冲淡。

只要一杯水，
血就流不尽。
只要一杯水，
就能睁大眼。

只要一杯水，
神志会清醒。
来吧……
上来拼拼看！

好似在草地，
人未垮下来。
全凭壶中水，

拌口粗炒面。

又似在湘西，
村隅有鱼塘。
山脚飞清泉，
乖乖，家乡水最甜！

为啥这样静？
声音很缈远。
似有脚步声，
瞀瞀眼不见。

他还想站起，
只是太无力。
勉强睁开眼：
人怎披黄皮？

一道寒光闪，
似是道清泉。
心想避开它，
一切都太晚！

他已无反应，
并不觉疼痛。

只是一瞬间，
深深堕梦境。

曾听别人说，
“生前想什么，
死后都要有，
比如家乡水，
镰刀和斧头……”

他重又回到——
家乡泉水边。
金沙江东岸，
进攻出发点……

一九五〇年十二月　甘肃·兰州民主西路 71 号

（未发表）

赵福安

万丈高山奔腾的河，
山河唱着英雄赞歌。

赵福安啊赵福安，
你的名字天下传：

解放兰州打得凶，
有一座碉堡最难攻。

四周围平来碉堡高，
天然的大石砌得牢。

有一条外壕深又宽，
千万条火蛇往外窜。

火力网封锁一道又一道，
两次冲锋没有攻下堡。

突击组只剩下张海旺，
连长身负七处伤。

望一望碉堡看看担架，
战士们——心上好比刀子扎！

急坏了排长赵福安，
你看他——心中起火眼冒烟。

拿定主意紧咬牙，
步枪炸弹都扔下。

背起了炸药箱往前跑，
后面跟着张海旺和郭二小。

赵福安啊你像面旗，
多少双眼睛盯着你。

赵福安啊你像只鹰，
狂风暴雨里你飞行。

耳朵打穿腿下又中弹，

赵福安没把伤口看。

一会儿跑来一会儿爬，
一会儿脸皮贴在地上。

手心里捏着一把汗，
慢慢绕到外壕前。

独木搭桥越过壕，
炸药箱很快垫好了。

雷管接好绳接上，
赵福安心中暗思量：

躲开碉堡再把火绳拉，
炸药箱一定拉到地下；

拉到地下威力小，
担心炸不垮这座堡。

左思右想正为难，
忽觉着眼前亮一片……

两面大旗五幅像，
镰刀斧头绣在旗上：

记起了光荣入党订计划，
“赵福安一定立大功！”……

手按住炸药箱再拉爆发管，
管叫他碉堡飞上天。

决心说给郭二小，
还有句话儿往回捎：

“要是我牺牲了告给指导员：
我请求提前把党转……”

你要拉来他也要拉，
他不让你来你不让他。

碉堡下争执多危险，
急坏了排长赵福安。

突然下命令“向后跑！”

海旺和二小才不再吵！

只剩了一人赵福安，
全线的眼睛望这边。

一声巨响大地颤，
滚滚的浓烟卷上天。

扔下背包端刺刀，
战士们——烟里雾里冲锋了……

气浪卷出你两丈五，
一块大石把你压住。

战斗结束打扫战场，
海旺和二小站在你身旁：

低头看你呀抬头看旗，
红旗飘荡在半空里。

半空里红旗就像一团火，
兰州城到处闹秧歌。

擦亮了刺刀向你学，
你是全军的一面旗。

人马浩荡尘土扬，
长长的炮筒指着天。

赵福安啊赵福安，
你看——
万马要踏玉门关！

一九五〇年

（原刊《人民文学》二卷）

夜越大坂山[①]

人浴风沙马饮沙，
追敌直到云山下。

什么山？大坂山，
冰峰雪岭耸云端。

山高积雪雪耀眼，
山腰连云云绕山。

虽非鸟道与雄关，
从来少见人登攀。

人间倘如有广寒，
此处海拔四千三。

心似晚霞红如火，

注：① 大坂山在青海境内，海拔四千多米，常年积雪。山路盘旋，十分陡滑。一九四九年冬天，人民解放军一部追击马匪，夜越此山。

战马长嘶啸九天。
……

走一程，攀一峰，
群峦引路入苍穹。

落日恢恢西风起，
万星灿灿月不明。

山顶千年雪不化，
山阴冰刃如刀锋。

天黑路滑跌又爬，
马踏山石迸火星。

你扶我，我扶他，
留块干粮喂战马。

腹饥衣单人马乏，
枪杆诗、讲笑话……

一个说，当年红军爬雪山，

九旅[1]南下，一天走它一百八。

一个说，上得山去是英雄，
回到家里媳妇夸。

一个说，三句话不离“妇儿家”[2]，
后日你收容队里睡担架。

谁是金？谁是砂？
大坂山上考验他……

战马喘息人挥汗，
大坂山顶站一站。

团团雪雾踏脚底，
天风为我洗军衣。

冰雪扑脸利如剑，
时近黎明透骨寒。

注：① “九旅”指三五九旅开垦南泥湾。

② 晋北一带俗语，“妇儿家”即妇女之意。

斗转星移启明升，
想唱一曲《东方红》！

风卷残云云如飞，
雪消冰融仍不归。

人不解衣，马不卸鞍，
直至三江源，追敌上青天……

一九四九年十二月　西安西华门二号

第二辑　支前诗抄（八首）

（支前歌谣三首）

做 军 鞋

日落西山已黄昏，
窑洞里外没有闲人。
男人去照看栓羊圈，
妇女们放下锄把拿起针。

一盏油灯半明半亮，
不知不觉已更深。
子弟兵打仗为保翻身，
咱做军鞋不为别人。

直到那月移树梢狗娃叫，
直到那捻子点完油熬尽。
做成那毛底牛鼻子鞋，
千针万针针针紧。

一双军鞋捎带一封信：
“穿上这鞋记住人民心，
冲锋在前往前赶，
一股劲消灭那蒋阎军！”

抬担架

人人都说吕梁好风光，
有一条平川宽又长。
大路上人儿赶驴送军粮，
比不上四人担架步儿忙。

铺下那草褥子才把心儿放，
盖上这羊皮袄不怕风儿凉。
挑担的步子轻又快，
四平八稳担架不摇晃。

后村的鸡蛋前村米汤，
热心热肠送到嘴边上。
他为了咱来咱为了他，
咱心挂在他心上。

止不住汗水往下淌，
眼看太阳又落西山岗。
风尘苦累都愿承当，
单指望好子弟早日上战场！

送公粮

十里地沟来五里的山，
一路上送粮人不断。
他吆的驴来你挑的担，
走三村过五坪往前赶。

三九天走路想起炕头暖，
尝过了苦来才知道甜。
翻身人不说那没良心话，
先有了解放军后有了咱。

不管这山高路又远，
不管这十冬腊月风寒。
打胜仗消灭个十来八万，
离不开口袋里小米黄又圆。

揩一揩汗水看一看天，
肚子里咕噜想起前线。
闪开扁担走了一个欢，
老汉“嘟啾”又把毛驴赶。

一九四八年十月

（原刊《晋南日报》，辑入《红太阳》诗集中。有人为其谱了曲，据说领导机关迁出后，当地群众仍在传唱。《红太阳》是笔者最早出版的诗集。）

灯

过了古长城，
过了杀虎口，
千军万马黑地里走。

任务紧急步子快，
排头排尾两丢开。

一脚深来一脚浅，
只见个黑锅底看不见天。

四野里漆黑静悄悄，
找不到队伍哪去了。

心中喜来心中惊，
是谁在远处亮起一盏灯？

走到近处看清白，
一位老大娘手端灯台。

人和这灯来都在岔道上，

旁边有间茅草房。

拨一拨灯花手又指点，
——同志！往北赶，
队伍还走得不太远。

你看她：
眉眼上皱纹白头发……
——哦！这像是谁的亲生妈！

心急着追队不得不离开，
风又把一句话送过来：

“同志！天天黑夜盼天亮，
盼你们就像盼那麦子黄……”

一九四七年七月二日 山西兴县

（原刊《晋绥日报》，老前辈殷白批示稿费小米二合）

雪天赶驴去劳军

风呼呼地吼雪沙沙地飘，
大路上鸦雀无声人烟少。

衣白帽白胡子白，
什么人赶毛驴走过来？

手拿着鞭儿他把驴吆，
鞍架上半红半白猪肉膘。

相遇在一块他把话问：
“同志，前村可有八路军？”

“前村有咱八路军，
不知你问的哪一部分？”

“我问的一团三营第八连，
十班的同志全都认识咱。”

看神情听话我明白了：
老人家冒雪去慰劳。

“前村就住的一团，
老人家出门怎不看天?”

“同志，到空房避避你听我讲，
提起这事来我话儿长：

家住三区沙岭村，
三辈子都是受苦人。

租种张广财三十垧地，
新租缴粮，陈租缴利。

无冬无夏受个够，
整年整月衣食愁！

四〇年建立起新政权，
受苦人起来把租减。

张广财踏进门里来，
跟着长工背粮半口袋。

‘咱们的事儿商商量量办，
没吃没穿不让你为难。

粮来得不正不长远，
八路军在山西不出二年。’

半口袋粮食放在眼前，
人家开会我躲得远。

四三年我村住下八连，
队伍开荒闹生产。

看见我没吃没穿没把身翻，
同志们问长问短问根源。

我老汉心死转不开，
真苦实情没有吐出来。

同志们张家进了李家出，
知道是半口袋粮食把我哄住。

指导员一夜没有睡觉，
心上的疙瘩解开了：

说什么吃穿不让我为难，
年节下孩儿们没口麦子面。

大雪纷飞腊月天，
父子们前挂羊皮后吊毡。

六月里老天不给雨水，
父子们站在地畔抹眼泪。

年年打下金黄粮，
年年地主收进仓。

说什么为人要把良心讲，
地主们尽是黑心肠！

一口气减回租粮整六石，
土改时我还分地七亩半。

十班的同志住在咱家，
口粮种子全都帮助咱。

打柴挑水帮磨面，
实打实受把工变。

人说军民好比一家人，
我说军民更比一家亲！

去年队伍下山去反攻，
十三垧好地留给我种。

喜欢得我老汉心里开花，
还给我留下两个猪娃。

队伍下山看看一年半，
白日黑夜我把亲人盼。

二小子前日支差转回村，
说是前村的队伍有熟人。

恨不得一步跨上前，
恨不得立刻见上同志面。

杀了公鸡留母鸡，
三十斤麦子一夜磨完。

虽说是猪肉只有四十斤，
千里鹅毛表表心。

路程相距三天整，
备上毛驴就起程。

要告诉同志们：光景过得好，
我老汉早就翻身了。

前年队伍下山反攻，
我给队伍看护好收成。

今年的糜谷黄满山，
我富富余余吃到明年。

猪娃长大早卖了，
这头毛驴新喂进槽。

不是共产党和解放军，
千年的穷苦怎能断根！

打上灯笼去寻找，
找不到队伍更比八路好。”

脚落在雪上吱吱响，
老人家的话儿印在我心上。

雪盖住山来又盖住村，
盖不住老人爱军的心。

拉话拉得怪亲热，
掏出烟来我们对个火。

风呼呼地吼来雪沙沙地飘，
“嘟啾”一声他又走了。

一九四七年一月

（原刊《晋绥日报》及上海《大众诗歌》、辑入《太阳红》诗集）

老向导的话

搬开这指头算一算，
噢！这日子流过了十四年。
……

十四年前八月二十三，
红军人马开到草原。
一路上啃的草根树皮，
马没有草料人没吃的。

草原里缺粮又没房，
咱红军不扰也不抢。
咱们吃甚他吃甚，
没动过老百姓一根针。
都说红军规矩好，
名声从此传开了。

临走我把向导当，
有一个军人让我难忘。
踏进营房迎上来，
喜眉笑眼勤招待。

还记得——他穿一身布军服；
还记得——问我日子苦不苦？
一道上走路一块里住，
草原里苦处朝他诉……

带路三天问一问名，
才知道他是朱德司令。
又送我衣料又送茶，
临别留下一句话：
“我们一定要回来！”
从此和红军两分开。

记不清——岷山几度飘雪花；
记不清——羊羔儿怎样长大。
十五年日月长又长，
草原上灾难苦难尝！

马步芳刮走了酥油和口粮，
抢走了马儿一群又一群。
草原里马儿不敢放，
草原里听不见歌儿唱。

恨马匪恨得牙根痒，
盼红军盼得两眼花。

盼得那牲畜又生小马，
盼得那我们白了头发……

岷山上飘雪雪不断，
草地里下雨雨呜咽。
穿破了衣料喝光了茶，
忘不了总司令那句话！

长年的连阴天放晴，
言传咱红军到了临夏城。
心急不把黑明分，
二百里山路探红军。

要看看当年的总司令，
要看看大红旗子五角星。
看看那救苦救难的解放军，
看看那长年思念的心上人！

盼望同志们快出发，
草地里百姓快要困死啦！
又买粮食又做军鞋，
攒下了酥油糌粑[1]来迎接！

注：① 酥油糌粑是草地人民美好的食品。

黑夜里做梦也念叨你，
差派我来表心意。
大灾大难早受够，
盼着那——草原里太阳普照万里！

只是说——革命路子难又难，
只是说——人老这辈子难见面。
十四年后见上你，
忍不住老泪滴胸前！
七十七岁见上你，
人死了也好把眼闭！
……

一九四九年十一月

（原刊《陕西群众日报》，辑入《太阳红》）

中离[①]路上

十月寒天下了一层雪，
中离路上还是人不绝。
抬担架的紧往前跑，
送公粮的一路不断。

路上遇见一个老汉，
一路“啦哒”把话盘：

“你说我老，人家说不老，
我可把钩子军[②]恨透了！

见人就抓，见女人就拉，
我老汉缴不起粮挨过打。

八路军解放了晋西南，
老百姓知道了啥是苦甜。

注：① 中离系指山西省的中阳和离石二县。
② 钩子军系指阎锡山的军队。

你问我用甚支援前方，
毛口袋里粮食颗颗黄。”

十月的寒风阵阵扑上身，
“风冷心热我爱的八路军！”

一九四六年十一月
（原刊《晋绥日报》，辑入《太阳红》）

临县[①]川呀宽又长

临县川呀宽又长，
四十里大道铺阳光。
大道上行人你来我往，
比不上四人担架步儿忙。

远看这担架像只船，
挑担的步子走不慢。
这船儿行得不跌不颠，
草褥子厚生生心一片，
心贴这心来不怕天寒。

提起这心来心连得深，
火里烟里为人民。
咱们风里沙里抬着解放军，
骨呀肉呀连着心，
枝儿叶儿都是一棵根。

问一问这担架为甚抬得稳，

注：① “临县”是晋绥老区县份之一，临县川傍吕梁山麓。

只为担架上躺着亲人。
问一问这步子为甚走得紧，
同志的伤口痛在咱的心。

眼看着阳婆又落山冈，
十冬腊月晚风凉。
受苦受累甘愿承当，
单指望子弟兵早归战场。
大道上人们你来我往啊，
比不上四人担架步儿忙……

一九四六年十一月十八日　桦林村

第三辑　晋绥老区即景（六题）

曙　光（原名花朵）

我说呀人民的力量无比坚强，
沙窝窝石块块里也能叫花朵开放。
人民的信念不能动摇，
像永恒的吕梁山一样。
和平的生活已经开始，
太阳照到了大大小小的山峁上。

今年，受苦人都要抬起头来，
腰杆挺个硬邦邦。
那过去骑在咱们头上敲骨吸髓的，
他们的朝代已永远埋葬。
那和咱们一道受过来的贴心人，
哎！咱们呀要把他们名字写在选票上，
红丹丹的大朵花缀在他们胸襟上。

那流下战士鲜血的地方，

那没有开过的荒山上，
今年——在阳光下，
千万把镢头挥舞闪光，
千万人组织得像一个人一样，
千万人的汗水流淌……
到秋天——满上满川，
千万垧庄稼会长得像海一样。

别再记着寒酸的苦日子了，
风会给咱那些好庄稼翻起笑浪。
沉甸甸的糜黍穗穗上，
颗颗珍珠啊粒粒金黄。

新日子——像春天冰消的河水。
通村的大道要修得平展展的，
让赶集的老乡轻松。
——那熙攘的集市呀，
是人民欢乐安居的景象。
——咱村要多开几个油坊、米坊……
男人“复工”，女人纺线，娃娃去揽羊。
到冬天——统统都有把冬学上，
过大年——人人脸上喜洋洋。
家家锅里喷着香，
秧歌、社火……热闹一场。

"和平！民主！繁荣！"
这就是咱们的解放区呀！
放开嗓子唱吧！老乡，
千万朵喜花怒放在咱们心房。

一九四六年二月　山西兴县

（原刊《晋绥日报》）

改天换地（三首）

（一）摘下来【李株、曾梁】

你说，你该不该挂这匾？
你挂匾——叫谁们花的钱？

刚才众人吐过苦水，
你听听——臭狗屎你屙下一大堆。
八当十来五分利，
二十元白洋折走一亩地。①

大前年义仓粮集了十八石，
存在你家再也没见面。

配不配这“年高德劭”，
这就是吸血扒皮你知不知道？

山呼海应众人齐发威，

注：① 农民向地主借钱，契约上写十元实际上只给八元。农民欠地主满二十元还不起时，就折成一亩地还给地主。

揭出这个吸血鬼。

沉默惯的嘴巴都张开：
“把他这匾先摘下来！”

人群中又发出一声喊，
“正好给咱们做块黑板！”

七手八脚劈啪一阵响，
“年高德劭”躺在地上……

（二）挂出去

“张家大婶子，叫给你家的桂英子，
让她给咱村的旗子上，钩几个白字字！”

“她嫂子，咱村挂的甚旗子，
钩的又是甚字字？”

“哎！三角角白边，颜色是大红，
先绣上两颗五角星。

团结起来闹翻身，
钩的是：天下农民是一家人。

再一面旗子绣村名，
‘西梁村农会’写得清。

噢！天下农民是一家人，
团结起来闹翻身。

一切权力归了农会，
桂英子参加了筹备。

现时的女子管不住心，
我快去把我那野女子寻。”

灯花儿蹦跳灯花儿闪，
桂英子绣旗飞针走线。

（三）变了人间

摘下那匾来挂上这旗，
全村男女笑嘻嘻！

改了天，换了地，
丈量土地分给你。

过两天也请“九岁红”，
到咱村唱个梆子戏……

这回张大婶子李嫂子桂英子……
咱们都到村边场上去。

敲起锣，打起鼓，
跳起秧歌来庆祝。

“打黄羊”曲曲真好听，
接着就是“卖烧土”。

看谁扭得喘大气，
看谁扭得最得意。

一九四八年十月

过队伍

她妗子，快来瞭：
村前大道上过队伍。

骡马拉炮轰隆隆，
刀枪擦得亮晶晶。

有骑兵还有汽车兵，
人人胸前一挺“小冲锋”。

——我说呀嫂子你别闹笑话，
小冲锋是卡宾，汽车兵是机械化。

不住窑洞睡帐篷，
这是哪路解放军？

听说司令员是吕正操，
——不对了，吕正操本来在冀中。

为甚调到吕梁山中？
想起来了，莫非准备大反攻？

"海咧签"啊"海咧签",
当年你海哥闯关东,

走北川过大同绕集宁,
一步跨过老长城,
区区拐拐到赤峰。

—— 大妗子莫把海哥夸,
谁不知道海哥发了财,
另安家不肯回来。

发财没把良心坏,
年年月月打钱回来。

哎哟哟都说女人爱唠叨,
米夏[①]的鸡蛋烧焦啦!

另换一篮大红枣,
找上队伍去慰劳。

你愿意拿甚就快去,
大脚片子你头前跑……

注:①"米夏"也有说"米家"的,都是晋北俚语。

糜黍穗

糜黍穗，青又黄，
提起糜谷断人肠。
糜谷本是受苦人种，
种谷人儿倒难尝。
缴过租粮和欠债，
留下眼泪拌秕糠。

自从鬼子打进关，
八年苦战动刀枪。
吸血鬼们良心坏，
勾结鬼子来抢粮。
眼前和平他不讲，
还想骑在咱头上。

糜谷青呀糜谷黄，
粮食怎能任他抢！
男女老少齐动员，
又挥镰，又拿枪，
又护本村又联防。
劳武结合莫放松，
豺狼野狗都提防。

赶集

——解放区的春景

王老汉吆着毛驴去赶集，
东山挂个红太阳，
站岗娃娃立路旁，
远山近谷鸟雀欢唱，
小河流水叮咚响。

集市上——你来我往路难行，
后生们，雪白手巾头上蒙，
婆姨们，穿大红……
如今男女讲平等，劳动都光荣，
纺好的白线手中提，
合作社里把价评，
后生们有心搭句话，
怎奈大脚板走路一溜风。

王老汉，过书店，
穷汉不再是睁眼瞎，

新书都要翻翻看，
三本五本挟臂弯。
贴报的地方歇歇脚，
《晋绥日报》刚刚到，
有人念，有人听，
人人关心大事情。
——慢点呀！
你把那“国大”解释清。
……

卖布的说他的布耐穿，
卖口袋的说他的价钱公，
卖犁的说他的犁头快，
卖吃食的说他的炸糕香。

粮食市上卸毛驴，
王老汉喜在心头化泪雨：
想起黑天黑地里，
春天借下十块钱，
秋天就还一十三，
租种几垧沙梁地，
田赋银两不能欠，

赶集都是逼着赶。
春天粮贵秋天贱，
粮食粜得真心酸。

更有两三年，
“强化治安”遭蚕食：
粮食全被抢了去，
一月就给一斤盐，
十天卖给一升米。
集市上冷冷清清少人行，
灶中没有炭，台上没有灯，
家家盼天明。
……

王老汉粜了粮食拉起驴，
崭新的犁头买一片，
回去——多耕地来多开荒。
《看图识字》买一本，
回去——识字明理开脑筋。
羊肚子手巾没有忘，
麻花饼子带给小孙孙。

火红的太阳偏了西，
不尽的欢喜赶不散的集。
小鸟啾啾，流水叮咚，
十里八里慢慢走，
过坡毛驴不用打。

一九四六年一月　兴县
（原刊《西北文化月刊》）

唱八月十五

（一）

八月十五月月儿圆，
咱边区人民都喜欢。
喜欢咱千年的穷人把身翻，
喜欢咱太阳底下申了冤，
喜欢咱往后不愁吃和穿，
喜欢咱拨开云雾见青天。
月儿圆，这西瓜饼子甜又甜！

（二）

八月十五月儿清，
难忘旧光景。
难忘那豪绅地主如虎凶，
难忘那一年一年受苦情，
难忘那窑洞穿风炕如冰。
月儿清，黑地里流泪盼天明！

（三）

八月十五月儿亮，
感激救星共产党。

好比那亢旱的禾苗逢甘雨，
好比那流浪的儿女再见爷娘，
好比那积雪的大山见了太阳，
好比那迷路的夜行人看见灯光。
月儿亮，恩泽此生永难忘！……

一九四六年九月　山西兴县

（原刊《晋绥日报》，辑入《太阳红》）

第四辑 仿拟民谣（八首）

做啥来

"娃他妈，做啥来？"
"老毛底子纳起来，
给咱队伍做双鞋，
针挨针，做得耐，
毛底牛鼻巧安排，
战士穿上跑得快！"

"娃他嫂，做啥来？"
"飞针走线缝起来，
缝袜缝与解放军，
一千针，一万针，
针针缝进咱底心，
吃米不忘种谷人。"

"娃他叔，做啥来？"

“盘上碌轴转起来，
牛走千遭碾公粮，
扇车搧，吹秕糠，
颗颗滚圆亮堂堂，
套上老牛送前方。”

“娃他爸，做啥来？”
“四抬担架扎起来，
参战支前抬担架，
河又深，山也大，
跟上队伍跑天下，
一面红旗到处插。”

宿一晚

桃花瓣，心一片，
天晚莫再把路赶。
同志同志你歇下，
吃顿饭，宿一晚。
面片擀得一张纸，
面条切下一条线。
下到锅里莲花转，
盛到碗里赛牡丹。

烫烫脚，睡得甜，
明儿大早把路赶。

一个巧人迎到家

石榴树，开红花，
一个巧人迎到家。
不用典地出彩礼，
不用媒人两头夸。
品模样，一朵花，
品性性，也不差。
要说吃苦能下地，
要说织布能纺花。
妇女会里也有她，
热心热肠做军袜。
难怪爹妈眯眼笑，
难怪哥哥看准她！

（以上三首原刊《群众日报》并载于一九五〇年四月《人民文学》）

朝太阳

大麦芒，节节长，
哪个孩儿不想娘。
向日葵，圆又黄，
朵朵葵花朝太阳。
地上苦人万万千，
哪个不亲共产党。

一双手

一双手，万万能，
吃的五谷凭它种，
身上衣服靠它缝，
修好道路通天下，
盖下高楼起平空。
吃不尽，喝不穷，
只要双手勤劳动。

太阳红

青石头青，白点儿多，
黑心地主苛打我。
地里干到日头落，
回到家里打零活。
垫牛圈，推石磨，
闲时赶牛上山坡……
抡鞭子，抽过我，
不给饭，饿过我。
穷人有苦无处诉，
穷人眼泪到处落……
风吹雨淋都受够。
过年赶回穷家窝，
老婆埋怨娃喊饿，
缺吃穿，心恼火，
提起擀杖打老婆。
里不合，外不合，
眼泪流成一道河！

春连春，秋连秋，
脚下黄土没尽头。
山坡耕地村中瞭，

瞭见村中二层楼。
二层楼上有地主，
又是酒，又是肉。
思来想去没奔头，
不由得，恼心头……
脚踢坷垃口骂牛：
“地主地主你莫抖，
老子不种你吃啥？”

榴花红，太阳亮，
来了救星共产党。
黄连苗苗砍断根，
土地改革喜洋洋。
分下牛，分下粮，
又分土地又分房。
光景好比春前草，
一年更比一年强。
过大年，锣鼓响，
秧歌扭得心花放。
瓜不离秧，孩不离娘，
活命全凭解放军，
翻身不忘共产党。
提的笔，信写上，
拣肥羊，我牵上，
磨下麦子蒸上馍，

慰劳军队好打仗。
天下农民团结起，
不怕地主恶势力。
地主地主你听着：
“别再打你鬼主意，
给你耙，给你犁，
要过日子下地去！”

矛子枪（儿歌）

寻出爷爷矛子枪，
河滩石上磨得光。
红缨缀在枪尖上，
大路边上去站岗。

儿歌万万千（儿歌）

一杆红旗飘上天，
地上儿歌万万千。
南京唱到北京去，
回来还唱二三年。

一九四九年　西安

（原刊《群众日报》）

第五辑　土改记歌（五题）

诉　苦

——九曲黄河多少道弯？
　　春风吹不上哪架山？

爷爷七十难动弹，
三亩沙滩地代代传。
五口人哪够吃和穿，
租种着地主五垧半。

提起租地心打颤，
脊背上像压着一座山。
打下粮食对半分，
交不上租粮“驴打滚”。

八斗粮九年滚成三十石，
二十五年上了万！
哎哟哟！吓得爷爷翻白眼，
百十头骡马驮不完！

老人家苦辛整一世，
怎忍心卷一张破席片！
指地借钱七当十，
剜心钱买一副薄皮棺。

乱葬岗上多凄清，
飞旋的老鸦啄眼睛。
垂舌的野狗爪刨地，
月亮点一盏长明灯。
……

红丹丹阳婆米珠珠的汗，
脊背梁晒成黑油板。
起五更来爬夜半，
踏月亮出去，回来星满天。

一件皮袄四季穿，
要过冬天毛朝里，
夏天时节毛外翻，
一辈子没见过新布衫。

好年景吃个黍子面，
灾年喝的照影子饭。

也曾粃糠拌苦菜，
三日五日断炊烟。

受苦流汗都情愿，
熬过春天盼秋天。
秋天庄稼黄满川，
颗颗粮食又不见。

老了吆牛头前走，
儿孙辈跟在大人后。
一个个风沙打眼满脸愁，
一个个瘦得皮包骨头。

手甩开鞭子把牛打，
人打着牛儿人还不如牠。
一手扶犁松不开手，
牛不到头，人也不到头。

石头山来黄土川，
辈辈血汗埋进宁武山。
宁武山来不见边，
脱下了老羊皮不见春天……

吸血鬼

一条川里两层天，
有人苦来有人甜。
伸手穿衣，张口吃饭，
他就是地主蔡百万。

蔡百万编个顺口溜，
进进出出唱着走：
“不磨芝麻吃香油，
不动土木住高楼。

不养蚕娘穿丝绸，
不酿高粱喝烧酒……
荣华富贵样样有，
我蔡家遇人，人发抖！”

两只三角眼吊梢眉，
一翻眼皮主意来。
就靠着出租与放债，
黄芥苗子说成菜！

小时候得病害天花，
蔡百万落下一脸麻。
吃喝嫖赌好打架，
麻脸上还留下一道疤。

冬晒太阳夏乘凉，
二马车水烟袋嗞噜噜响，
贴腮的肉耳塌鼻梁，
喜人奉承夜跳墙。

酒壶上来肉锅下，
白面饺子耍水花。
烧酒落肚骚屁多，
又讲诗书又卜卦。

“咱蔡家是盘不满的斗，
咱的账本子满山走。
别看算盘八十一颗珠，
辈辈儿孙不用愁。

海不能斗量，人哪能貌相？
大耳垂肩我主贵，
有福之人不用忙，
咱这命拴在摇钱树上。”

捋一捋胡须剔一剔牙，
看一看羊圈和骡马。
穷小子们都属鸡啦，
吃一爪爪刨一爪。

逼 债

去年歉收闹春荒，
六月的太阳红朗朗。
都说老天爷收人哩，
从惊蛰没落一滴雨。

酸枣糊子掺炒面，
老苦菜拌着黄麻糁。
就是饿肚也心安，
欠下利钱心打颤。

蔡百万跨进屋来了，
大摇大摆面带笑。
全家人一时没了魂，
孩子妈千言万语来央告：

“光利钱你吃了五十四块，
蔡老爷你手高修修好，
今年不缴明年缴，
今生恩德来世报。”

热火柱插到雪地里，
人家带理不带理。
捋一捋胡子翻一翻眼，
嗞噜嗞噜吸水烟。

“千年黄土换百主，
说什么祖先埋在一道川！
佃地原是吃租粮，
放债就图吃利钱。

红口白牙说下的，
白纸黑字有凭据。
又不给利钱又不写地，
忻州衙门里说理去。”
蝎子的尾巴马蜂的针，
狠毒莫如地主心。

万般无奈写地契，
泪落衣襟仇恨深。

头上的青天这样的蓝，
什么人留下这吃利钱？

咱村来了工作团

喜鹊子，站房檐，
喳喳欢叫为哪般？

不迎菩萨不接仙，
咱村来了工作团。

党中央，毛主席，
三山五岳布战局。

打老蒋，刨苦根，
千年的受苦人要翻身。

土地改革雷声传，
地动山摇把山掀。

冬天的太阳爹妈样的亲，
工作团和咱心连心。

不代替，不包办，
扎下根基来串连。

不是命不好，
不是天时不好把灾遭，

不是祖辈没留下，
不是汗水流得少……

讲道理，心开窍，
追根问源是剥削。

贫下中农一条心，
团结起来闹翻身。

说理斗争开大会，
申冤诉苦把仇报。

地主牌匾都砸下，
农会红旗迎风飘。

蔡百万脸上亮疤把汗冒，
揭去富贵皮，不念剥削经。

不讲孔孟道……
六神无主丢了膘。

分浮财，烧地契，
土地回到老家里。

贫下中农乐呵呵，
当家做主掌山河。
……

哦！这是谁站岗放哨？
月黑夜让地主逃跑了……

参军支前

翻身的人儿心铮亮，
要挖穷根上前方。

踏遍万里圪针路，
建立起新社会才有幸福。

苦瓜蔓上哥儿俩，
双双报名带红花。

一个参军，一个随军去支前，
誓不叫害人虫回家来倒算！

诉苦说理眼擦亮，
泪水洗净了七九枪。

枣树的枝枝顶着个天，
弟弟支前做模范。

又抬担架又背粮，
革命到底不歇肩。

打罢了集宁打运城，
山西省南北一片红。

硝烟催人向前走，
战歌送人过黄河。

千里的风雪万里的沙，
跨过了黄河又走宁夏。

说什么饥来说什么寒，
万里风尘不埋怨。

榆林、青化砭、沙家店……
打完西府战役进贺兰，

踏碎祁连千年雪，
追“五马”直到嘉峪关。

弟兄俩的血汗洒到哪里？
天安门广场上看红旗……

一九五一年　兰州民主西路七十一号

第六辑　葵花朵朵朝太阳

（郝登山的生命历程及苦难家史）

（一）

岁月倒数回三十年，
这事发生在河南宝丰县。

十冬腊月飘着大雪片，
祭过了财神快要过年。

这村有间茅草房，
茅草房里有一家。

一对旗杆一对斗，
有一对夫妻泪双流。

女做针线活，男的拉长工，
伺候着地主张万通。

夫妻俩受苦直不起腰，
苦日子还是过不了。

男人名叫郝根全，
春天里就把心担：

净吃糠秕不见粮，
到十月女人又要生养。

东家没奶有一个娃，
根全家有奶有两个娃。

大的三岁叫登山，
小成瑞只有一岁半。

顾了小的顾不了大，
奶水先要喂饱东家娃。

根全家苦到了瓜巴上，
不顾家的爹来不喂奶的娘。

本是喜事变成悲，
哥俩又添个小妹妹。

东家的娃娃怎敢撇开，
小成瑞一岁半就断了奶。

裤没裤来衫没衫，
三岁的登山裹些破布片。

爹娘儿女心相连，
有心养活没吃穿。

一把尖刀心窝上绞，
眼泪一滴接着一滴掉。

房门外大雪漫天飘，
谁给根全指一条道？

夫妻俩左右都为难，
泪伴着眼泪面对面。

张万通跨进屋来了：
“一人的奶水咋喂俩娃，

瘦了我娃——根全别扛工，
我们一起上官衙。”

这话如同一把刀，
心窝里头绞三绞。

狠下心来咬一咬牙，
女娃的脖子上掐一把。

腊月寒天刮着风搅雪，
吼一声不睁眼的老天爷！

大雪把茅草屋盖住了，
多少悲惨事人间不知道！

（二）

又忍饥来又熬寒，
做牛做马一晃就十年。

大河流水哗啦啦响，
根全家的苦日月没变样。

四野里太阳如火烧，
土地龟裂地皮焦。

万里长空一色晴，
树梢不动没有一丝风。

吃光了野菜吃树皮，
观音土也吃进人肚里。

茅草屋里没粮没糠秕，
皮包骨头两兄弟。

登山上树采树叶，
眼昏腿软栽下来。

跌下来跌伤一条腿，
躺在土炕上想喝水，

没水没粮更没药，
这样怎能来养伤！

老天爷把人赶到绝路上，
娘看着爹来爹看着娘。

心想着两个孩子拉扯不大，
爹说："还是把成瑞给人吧！"

儿是娘身上一块肉，
给也愁来留也愁。

爹带上成瑞就起身，
娘的眼泪流齐脚后跟。

根全回家来唉声叹气，
手提着四升倒仓米。

娘看见米来更心伤，
一下子扑到根全身上。

双手抓来口里嚎，
披头散发泪乱掉。

根全心中乱如麻，
顺手把女人推一把。

娘腿无力跌在炕上，
一边哭来一边嚷：

“天杀的，你个没出息，
就知道打人卖儿女。

养家没吃又没穿，
枉为五尺高的男子汉！”

根全本来一肚子气，
伸手就是一巴掌。

娘骂爹来爹打娘，
登山不知把谁帮。

铁香炉里插苦草，
各人的难处各人知道。

半夜里登山哭得心烦，
根全迷迷糊糊睁开眼。

身边不见了登山娘，
不由得心里一阵慌。

打开草门去寻找，
只见登山娘树上吊。

先摸呼吸没了心跳，
再摸手脚冰凉了！

一千把刀一万把刀，
千把万把胸膛里绞。

强忍住悲痛噙住泪，
半天说不出一句话。

乱葬岗上长黄蒿，
荒年的蒿草也不高。

今天这东南风阵阵刮，
莫不是老天流泪啦？

没有木头哪有棺材，
炕上的席片扯下来。

小登山挣扎下了炕，
一瘸一拐来送娘。

堆起黄土三尺高，
父子二人跪地下。

风在树上也呜咽，
人在树下泪涟涟：

“登山娘啊你为何寻短见，
你一死登山谁照管？

你死得凄惨狠了心，
咋不想想俺们阳世人！

十五年里少吃没啥穿戴，
我根全心里全明白。

穷苦没把你错待，
一时性起不得已……

平时想方设法护着你，
都说咱俩是患难夫妻……”

哭得伤心肝肠断，
铁石人听着也掉泪。

黄蒿地里真冷清，
月亮点一盏照坟灯。

凄惶的日月没个边，
走不完的路子受不完的难。

父子俩挨门排户吃的百家饭，
有人家见你就躲远。

还有的家主一招手，
立马扑过来一条大狗。
……

一根竹竿十二节，
父子俩讨饭十二个月。

十二月讨饭倒下根全，
孤零零的登山没法办。

家里没食又没药，
走完了苦难路下九泉。

撇下了十四岁的郝登山，
泪蛋蛋一串接着一串串。

想亲人哭了个泪血血，
人间又过中秋节。

一轮月亮明又圆，
普天下九州都照遍。

为什么有人苦来有人甜，
月有圆缺没答案。

（三）

胡桃树上结胡桃，
庄稼人总说种田好。

小登山好比水上浮萍，
没人敢收养小“克星”。

被抓丁成了蒋家军，
急行军到陕北守榆林。

庄稼娃穿上新军装，
手脚不知道哪里放。

腿上为什么缠绑带，
帽子像个大锅盖？

发给支步枪比人高，
接过枪来掉泪了……

一丛圪针长不成树，
讨饭苦来当兵也苦。

当兵出操难忍受，
和一名排长结了仇。

满脸横肉眼角一个疤，
对上奉应对下磕打。

登山新兵不知左右，
不知道啥是正步走。

挺不起前胸绷不紧腿，
脊背上挨了一“铁锤”。

摇晃着身体别跌倒，
眼含泪水不敢掉。

跳不过木马攀不上杠，
黑地里跪到大天亮。

持枪、托枪跑步走，
上气、下气接不上。

手拿着枪来心想着爹，
日子过去了十个月。

白天流泪肚里咽，
黑夜里想亲人难闭眼。

学过了“瞄准”学刺杀，
排长的心肠真毒辣。

喊个“预备用枪”十分钟，
挑刺挑眼不收口令。

胳膊酸来骨节酥，
眼冒金星站不住。

借问：天上多少颗星？
郝登山——挨过的打骂数不清。

实弹射击又挖战壕，
闲下来就去“打野操”。

十六岁的娃娃三尺半的身，
打着逼着教会杀人。

挨打挨骂受够了罪，
黑夜里暗暗抹眼泪。
……

天上的乌云风吹乱，
心上的事儿搅不散。

头不抬来口不开，
登山就像个活泥胎。

一不想吃二不想喝，
心里有话不敢说。

穿上这二尺半不自在，
心里盘算着“开小差”。

心里有事心里藏，
有个人和他一个样。

复杂事前有主张，
这人名叫张定康。

他同登山拉亲近，

原来两人只隔一个村。

两人拉话说家常，
他不瞒你你不瞒他。

你心印在他心上，
两人的心事一个样。

约定好时间就在明晚，
溜出了镇子再把便衣换。

约好了时间心中跳，
不知道跑了跑不了。
……

天上的云彩随风飘，
郝登山跟上张定康跑。

一个身高一个低，
两人溜出了镇子西。

脱下了军衣忙把便衣换，
猛觉得有人站到跟前。

抬头看见刘排长，
紧跟着就是一巴掌。

登山脸上立时刻烙上红印，
摇摇晃晃站定身。

张定康一旁哈哈笑，
“你把定盘星看错了！”

郝登山立时被五花大绑，
连拉带扯回营房。

身上的衣服全剥掉，
反捆双臂吊上房梁。

不认错来不求饶，
马鞭子打个没头脑。

人打累了另换人，
鞭子软了用水浸。

直打得血迹斑斑不忍看，
直打得性命已临鬼门关。

一桶冷水浇下去，
嘴边还游动着一丝气……

（四）

一彪人马急行军，
吆喝登山要紧跟。

这不是领导发了善心，
不是让登山回家给父母上坟……

背上的洋锹肩上的“卡宾”，
渡黄河去打解放军。

听说共产党太凶残，
抓住了俘虏就把鼻子拴。

郝登山害怕更担心，
为啥去打解放军？

陕北这穷地方人烟少，
队伍整天东奔西跑。

风言风语耳边传：

“一三五”旅完蛋了。

刘排长不断发警告：
再出娄子脑袋掉！

硬把“八路”叫“土匪”，
山头上过夜看着星星睡。

走小路爬大山，
一声“休息”倒下一大片。

人人身上四十斤重，
个个大喘气骨头痛。

路上没捉住一个解放军，
也没看见一个年轻人。

扑进了村子打开了枪，
对准女人刺刀晃。

猪剥皮来鸡拔毛，
桌椅门窗当柴烧。

填饱了肚子擦擦油嘴，

刘排长一伙还要胡为。

好好的婆姨被糟践，
心软的登山不忍看。

躲出了村子把心散，
薄暮连雾山连山。

听！这是谁家娃儿哭，
又哭妈来又叫“大”……

回圈的羊群咩咩叫，
树梢头理羽是乌鸦。

郝登山忍不住掉眼泪，
插不上翅膀不能飞。
……

满头大汗一道道流，
郝登山随队急急走。

出发前——
没吃饱饭没喝上水，
少气没力抬不动腿。

秋天的太阳偏了西，
但见山抱山不见宿营地。

一条小河一道沟，
重重关山牵动乡愁。

茅草屋怕是塌了顶，
娘的坟或许早被人平。

一声枪响满山滚，
惊醒了深思的年轻人。

心事一下子抛到九霄外，
抱枪就要往回跑……

猛觉得后心挨了一锤，
刘排长满脸杀气拧着眉：

“赶快前去抢山包，
不然立地把你报销！”

郝登山立马跟上班长跑，
七上八下心乱跳。

占领了山包呼呼喘，
刚才没定标尺拉枪栓。

手托着弹槽心发慌，
子弹飘到云天上。

半个敌影没看见，
忽然飞来一发炮弹。

身后不见了刘排长，
这才意识到自己也负伤。

看见血来枪丢开，
班长举手帕摆了两摆。

郝登山慌里慌张往下跑，
漫山响起冲锋号。

磕磕绊绊又跌一跤，
就地一滚跌到山下了。

藏进山窟扔掉手榴弹，
喊杀声过后人走远。
……

一弯新月月儿明，
一阵秋风摇动满天星。

出过汗觉得身上冷，
发现流血才知伤口疼。

吮干了唾液口中渴，
口渴的滋味难言说。

夜空无云高又远，
伤心事又浮到眼跟前。

两行热泪噙不住，
手抱住头来失声哭。

秋风吹动身边草，
遍野的秋虫来奏乐。

（五）

大红公鸡高声唱，
唱出一盘红太阳。

老区的人民喜洋洋，
解放军又打了大胜仗。

战斗忙来秋收忙，
消灭了敌人打扫战场。

你抬担架他站岗，
儿童团员拿着红缨枪。

唱歌唱的“东方红”，
“劳武结合”莫放松。
……

忽听见草丛里有人哼，
呀！这里躺着个娃娃兵。

你看他满脸污垢军装破，
受伤不敢大声说。

冻僵了脚来冻破了手，
右肩上有个大伤口。

他是轻伤还是重伤，
不知道活长活不长？

抬上担架没怠慢，
黑灯瞎火送到医疗站。
……

沉重的眼皮慢慢睁开，
郝登山觉得真奇怪：

灶台上锅来窗上剪花，
谁把我送到老百姓家？

身下的铺来身上的盖，
谁这样精心细安排？

还记得作战负了伤，
山窟草丛里口渴风又凉。

这是昏迷还是做梦，
不是！阳光正透过窗缝缝。

窗外面一阵脚步响，
来人外披白衣罩着军装。

轻手轻脚人祥和，

顺手递过来一碗热米汤。

郝登山纳闷口问心：
难道这就是解放军？

有个人戴口罩手托磁盘，
看样子是把药来换。

郝登山心中有千言万语，
不知道从哪儿来说起……

（六）

郝登山难忘那二十天，
二十天伤好出了院。

编进了“解放营”来学习，
“学习”这词儿真稀奇。

冻不死的葱来饿不死的兵，
知理识字有啥用？

心上的疙瘩实在的多，

不知该向哪个说。

为什么不把鼻子拴，
反把敌对的伤号送医院。

为什么对我们不打骂，
老百姓见兵不害怕。

是不是笑里藏着刀，
也有一个“张定康”？

最重要的是讲“民主”
为啥叫“人民的队伍”？

这样多的“哑谜”实难猜，
闷葫芦谁人给打开？
……

太阳落下闪出满天星，
躺在炕上心里不平静。

指导员好像在开玩笑：
“登山，你的脚趾出来旅行了”。

看看鞋破激起心头恨，
这都是刘排长克扣人。

假造名册吃空缺，
半年才发一双鞋。

直到磨透了鞋底磨破了帮，
大拇指露出鞋面上。

恨过了刘排长又觉得羞，
指导员过来拉住他的手。

“这是我结余下的一双鞋，
你穿上试试大还是小？”

一肚子心事睡不着觉，
又好像听见人们在说笑。

“你们看登山成天不说话，
十有九成是想家啦。”

说到心上脸红了，
大家一旁哈哈笑。

嘴说不想心里头想，
心里头想家嘴逞强。

扳着手指头算一算，
离开家乡整四年。

娘坟头上谁填土，
清明节日谁扫墓？

家乡的半空起炊烟，
能不能把弟弟来找见？

天上的乱云地上的麻，
心事拧成一疙瘩。

营房内外静悄悄，
同志们个个睡着了。

忽听见屋门外脚步响，
不由得心里发慌。

蹬开的被子快盖好，
打起鼾声装睡着。

听声响就是指导员，
吹过了熄灯号来查看。

手电筒的亮光在屋内晃，
有人踢开的被子又盖上。

然后轻手轻脚人走了，
留下句话儿耳边绕：

“秋天夜凉被子不盖好，
最容易伤风得感冒。”
……

个把月的学习结束了，
郝登山眼前摆着三条道：

头条道重回蒋家军，
二条道回归故乡当农民，

第三条道路参加解放军，
当兵打仗目标新。

提起蒋家军泪双流，
小兵的生命不如一条狗。

二条三条哪条好，
可把郝登山难住了……

十四岁上死了娘，
儿心扑在爹身上。

爹临死时留下一句话：
“世上的人心个个黑。”

想起那蒋家军的张定康，
上下牙咬得嘎巴巴响。

事故风波经历多，
爹的话儿不会错。

画虎画皮难画骨，
解放军对咱是不是先甜后苦？

只见他外表不见他心，
指导员对咱是不是真？

浮萍总是顺水漂，
世上的善心人有也少。

一个线团两头分，
参加了解放军难上娘的坟。

家乡好歹有间小破房，
过不了生活再把长工当。

拿定主意走了吧，
世上的虫虫也有个家。

看见了指导员心里羞，
也许指导员不叫走。

明走不如暗走好，
晚走不如早走好。

顺风正好来行船，
这会儿上路没人看见。

听见后面有声音，
似乎暗中有人跟。

走几步来回一回头，
风吹荒草啥也没有。

心中慌来步子乱，
一脚深来一脚浅。

乱石铺路路不平，
高高低低脚乱碰。

勺子星转到头顶上，
估计已是半夜时光。

高山岑寂风呼号，
迷失了方向怎么好？

满天星星没月亮，
哪条道路通家乡？

听见远处狗吠叫，
是不是有人追来了？

思量着追回去多害羞，
这条路当初不该走。

钻进山沟坐在石头上，
喘一喘气来想一想……

郝登山刚一合上眼，
迎面走来了指导员：

“登山同志为啥偷着跑，
解放军对你哪样不好？

没有理由难张口，
羞羞答答低下头。

一阵子寒风把人吹醒，
满天寒星挤眼睛。

指导员的话儿仔细嚼，
人家的好处比山高。

为人要把良心讲，
你敬一尺我还一丈。

似睡不睡醒未醒，
三个人身穿白大褂。

记得年轻一护士，
手托瓷盘走近来。

给自己换过药后又包扎，
救命之恩怎报答！

远远走近又是哪个，
眉眼生得真丑恶：

不瞪眼来不说话，
左眼角落下一个疤。

粗声大气张口把人骂，
皮鞭高举常把人打。

吓人一抖颤睁开了眼，
人生曲折道路弯。
……

山村里公鸡昂头叫，
眼看天光要亮了。

身体困倦没睡好，
往事三番五次把人扰。

山谷中鸟雀唱黎明，

蓝天上太阳红又红。

草尖上露水颗颗圆，
满谷的野花色色鲜。

身上乏来肚子饿，
山谷虽好不能久躲。

怯生生来溜出沟，
一条大川朝哪走？

川东面正好有个村庄，
一层炊烟飘庄上。

蹑手蹑脚把庄进，
庄口闪出两个人。

一人一杆矛子枪，
儿童团员正站岗。

要想转身太迟了，
娃娃兵伸手要路条。

掏不出路条心慌乱，

东拉西扯理由说不圆。

三查两问明白了，
娃娃兵拉住衣角角。

拉的拉来扯的扯，
拉扯到了村公所。
……

太阳又落西山岗，
原人又回到原队上。

满天浮云遮月光，
墙根下闪着一丝亮。

抽一袋烟来磕一磕火，
指导员和登山把话说：

“家里有啥事难割舍，
有难事你尽管说。

家里没有为难事，
也没有别的事不好说。

咱们都是受苦人，

有事没事谈谈心

家有苦处谁也不能分，
免得连累其他人。”

实竹子吹火吹不通，
两人谈话没找对口径。

一时无话心盘算，
各想各的心事各抽各的烟。

点燃了烟袋锅子别熄火，
话茬断了咱再续。

“登山同志你平平气，
年轻人就是性子急。

旧社会里流了多少泪，
蒋家军里受了多少罪？

解放军对你怎么样，
比一比来量一量。

治好了伤偷跑回家，
回来了没打没骂没处罚。

只叫你说旧事吐吐苦水，
到底这是谁难为谁。”

云遮月呀风吼叫，
郝登山不是没头脑！

小河沟流水没声响，
静听着登山诉家乡。

浮云中月亮只露半张脸，
不平的事儿没少见。

一宗宗事儿一串泪珠，
月光为啥到处跳舞！

指导员说：
“登山你不要太伤心，
我也是个凄惶人。

家住在山西岢岚县，
一家三口受熬煎。

地没有地来房没有房，
租种着地主十三垧。

头顶人家天脚踏人家地，
每日里太阳从东背到西，

交过租粮没富余，
一年到头野菜拌糠秕。

“民国”二十六年灾难重，
阎顽军打乱仗鬼子又进攻。

深更半夜听见狗乱叫，
阎老西的骑兵闯进村。

踢开了门拉住了大，
反捆起双臂往外拉……

带路嫌他走得慢，
三步五步挨一鞭。

我大回来吐了血，
炕上躺了一个月。

没赶上下种交不上租，
地主的心真狠毒：

不听你好话千万句，
房梁上把大[1]高吊起。

一阵棍子一阵子鞭，
我大从此就没睁眼。

八字衙门就认钱，
穷人的冤苦肚里咽。

思来想去没办法，
跟着亲妈办改嫁。

后大家里苛待人，
一咬牙我参加了八路军……

咱别今日流泪明日伤心，
要把那苦根儿寻一寻。

咱穷人一年四季汗洗脸，
粮食颗颗不见面。

要有吃穿你娘不上吊，
父子们不去把饭讨。

注：① 晋北一带称父亲为大。

种瓜不得瓜种豆不收豆，
咱们的血汗供人家享受。

血汗粮填满地主仓，
地主冬暖夏乘凉。

三堂六屋他住的谁，
为甚他吃个脑满肠肥？

沤烂的衣来发霉的粮，
冻饿死的穷人吃穿不上。

天下的农民十有九苦，
都只为世上有了地主。

你问这当兵受罪哪里来，
这也和地主分不开：

蒋胡狗官和地主，
一鼻孔出气穿的一条裤。

有钱有势结成一伙，
压榨咱穷人不分你我。

枪口对着解放军，
解放军来了屁股坐不稳。

当兵受罪的都是甚人？
还不是咱们穷农民！

牺牲流血受够苦，
为了消灭狗官和地主！

你的难来就是我的苦，
咱大家走的一条路。

几辈子眼泪仇恨，
苦难里生出咱们解放军。

兵尊干来干爱兵，
亲密团结如弟兄。

遇见事儿民主讨论，
官兵都是平等的人。

我帮你来你帮他，
有困难大家想办法。

铁的纪律要服从，
命令下来坚决执行。

穿上了军衣不忘根本，
帮助群众爱护人民。

革命军人要牢记：
三大纪律八项注意。

对内和来对外狠，
团结一致打敌人。

你的难处就是我的苦，
这就是劳动人民的好队伍。

你不要流泪不要伤心，
要翻身只有参加解放军！

打垮了蒋胡军消灭地主，
才有咱穷人的一条出路！”

（七）

牛毛细雨下开了，

山谷中鸟鹊声声叫。

它不唱喜来单唱悲，
连上开起了诉苦会。

会上的郝登山失声哭，
伤心的事把话噎住。

说起那长年的苦和罪，
亲娘万不得已捏死了妹。

为度荒亲弟只换四升粮，
亲娘上吊在树上。

剩下那父子俩去讨饭，
经不住折磨爹又闭上眼。

受苦人都是心连心，
苦引苦来人人泪珠滚！

说起那蒋家军里不当人看，
说起那千难万苦泪又流！

高高的白杨雨中呜咽，

长年的苦难他是证见。

头上的青天高又远，
地上的山川一眼没边。

郝登山就地垒起一堆土，
山丘权当娘的坟。

插一束野花烧上一刀纸，
亲娘坟前来宣誓：

"娘，你死五年了。这五年里，我和爹要过饭，后来爹死了，胡宗南又抓了我的丁；我又受了好多你看不见、想不到的罪……如今，我明白了：娘，是地主老财逼你捏死妹妹的，你不是和爹闹气死的，你是叫地主逼死的！万恶的地主和军阀要不消灭，咱们就永远没有出头之日！娘，我什么都明白了，我要参加解放军，为你报仇！为所有和你一样受苦受屈的人报仇！"

诉苦，宣誓眼擦亮，
泪水洗净了七九枪！

"申请上级快下令，
郝登山争先打冲锋。

三山广啊五岳高，
我一定英勇作战立功劳。”

(八)

火云染红了半边天，
战斗打响在沙家店。

队伍冲到了一块凹地，
四周围平平没隐蔽。

郝登山带了五处花，
咬住牙没把火线下。

敌人瞅准了这个目标，
一炮紧跟着又一炮。

五架飞机头上旋，
又是扫射又投弹。

对面那高山上火力密，
一营敌人躲在工事里。

指导员、连长都负伤，
前进就胜利，等待就死亡。

指导员发出一声吼，
跨开大步冲锋了。

指导员好比下山虎，
受伤的郝登山暗忖度。

蒋家军和这大不同，
享乐的军官替死的兵。

天下的队伍哪有解放军好，
干部带头说到就做到。

鼓起了劲儿咬紧了牙，
追上指导员不掉下。

一口气冲到高山外壕边，
直立起身体来投弹。

连续投弹远又猛，
不顾耳边的爆炸声。

敌人都是草鸡胆，
夹起尾巴逃下山。

夕阳钻进了云缝缝，
高山顶留下英雄影。

夕阳落进了西山里，
冲垮了敌人又去追击。

裤子上鲜血湿了一大片，
腿下重来身上软。

走一步来咬一咬牙，
浑身好比乱刀子扎。

熬住了乏来忍住了痛，
头上的星星照见英雄。

三十里路程不算长，
脚印留在路上！
……

半夜里满山点起野火，
消灭了敌人来集合。

一会儿暗来一会儿亮，
照见个人影东摇西晃。

走一步来拐一步，
伤口足有八九处。

身上挎着自家步枪，
一门小炮扛在肩上。

连夜行军没掉队，
小炮没让别人背。
……

（九）

雨后的禾苗又见阳光，
郝登山当了一班长。

心中盘算细思量，
有个念头热胸膛。

蒋家军里干了四年，

扛了四年七斤半。

走到哪里哪里喊打，
老百姓指着鼻子骂。

年纪轻轻死了父母，
家乡里没人没地没活路。

百家饭难吃更受罪，
眼看这世界一片黑！
……

参加了解放军不过五十天，
尝过了苦来才知道甜。

同志们时时刻刻问寒暖，
不分新老一样看。

沙家店战斗负了伤，
百姓的鸡蛋喂到唇边上。

指导员两夜没睡觉，
又端汤水又倒尿。

毛主席这队伍有多好，
说不出话来泪掉了！

从今跟定共产党走，
冲锋在前来退却在后！

（十）

马庄这镇子真难打，
敌人居高来挣扎。

炮楼上架着七挺机枪，
交叉扫射织成火力网。

眼前的土地像花开，
打得人不敢把头抬。

离村不过五百步，
有一条小河拦住去路。

河水浅来堑壕深，
堑壕里藏着胡匪军。

猛然一声冲锋号，
郝登山跳出工事往前跑。

身边的子弹当成风，
好比是狂奔的马儿脱开缰绳。

大腿下面发麻了一下，
只顾冲锋哪管它！

手里的刺刀握得牢，
准备——过河就拼刺刀。

三窜两跳冲到河边，
踏起水花四处溅。

忽觉着脚上鞋不牢，
原来是鞋绳绷断了。

来不及把鞋再穿好，
一个敌军冲来了。

一身黄军衣美国装，
刺刀闪亮明晃晃。

吃桃子拣着吃软的，
敌人瞅觉得他好欺。

裤子上染着一片血，
左脚上脱开一只鞋。

白刷刷刺刀劈过来，
郝登山——脚不灵便没躲开。

敌人的刺刀扎进右腿里，
自己的刺刀挨到他肚皮。

狠一狠心来咬一咬牙，
“既有我来就没他！”

瞅准时机不放松，
双手用力身子往前挺。

自家的腿上窟窿透明，
敌人的胸前戳了一个洞。

两个人同时松了刺刀，
两个人来同时跌倒。

他看你来你看他，
四目相盯咬紧牙。

血一片来泪两点，
不甘心这样下火线！

（十一）

太阳出来满山红，
团里开会选英雄。

功劳簿上查一查，
看看谁的功劳大？

功劳簿上写得清，
郝登山立下四次功。

头一功立在沙家店，
负伤八处没下火线。

勇敢冲锋又把敌人追，
扛炮行军没掉队。

第二功来救伤员，
七个同志背下火线。

捉人缴枪立下第三功，
缴枪四支俘获敌四名。

牙还牙来眼还眼，
第四功来——顽强作战。

不管那——敌人刺刀扎得深，
咬紧牙关拼倒敌人。
……

郝登山的名儿喊得响，
千把人的胳膊举过头上。

千把人的眼来千把人的嘴，
“看看这郝登山是个谁？”

一股劲鼓掌停不下来，
郝登山走上了主席台。

银牌牌奖章挂在兜兜上，
太阳底下亮光光。

大朵花儿红艳艳，
端端正正插胸前。

一片口号落下又响起！
要向那郝登山来看齐！

新社会的美事数不清，
再没比当上英雄更光荣。

百灵子过河沉不了底，
郝登山这心中暗打主意。
……

（十二）

六月这天气闷沉沉，
郝登山这心里好烦闷。

有时候——紧把双眉皱，
有时候——独个儿闷坐不抬头。

有什么话儿盛在心里？

有甚事儿不如意？

是不是——天阴下雨伤口痛？
是不是——过度疲劳得了病？

是想起受苦的爹和娘？
还又是惦念着大好家乡？

哎！这一条大道两道道壕，
各人的心思各人知道。

（十三）

桃花落了杏花开，
运城大战又展开。

黄河的波涛黄河的浪，
解放军——千军万马声势壮。

左一层来右一层，
围得那运城水泄不通。

又抬炸药又架桥，

城四周排开百十多门炮。

连上同志齐讨论，
怎样攻城打敌人？

走出来一个郝班长，
就是他心中有事不往外讲。

心中的火来眼中的亮，
好比那雄鹰旋在高山上。

“今天我先报个名，
郝登山头一个爬运城！”

你也报来他也报，
突击组很快组成了。

郝登山当了突击队长，
众组员——摩拳擦掌精神旺！

饥也能耐来寒也能耐，
耐不得攻击令不下来。

……

漫天刮起了西北风，
工事外面传来了号声。

热血一下子涌到心房，
你听这号声多雄壮！

百十门大炮齐吼叫，
好比那——地裂山崩倒！

突击组——大挎步枪上刺刀，
手榴弹满满缠一腰。

架出云梯往外跑，
烟里雾里不见了。
……

落山的太阳二月的冰，
困兽般的敌人发了疯。

枪还枪来炮还炮，
顽抗挣扎不把枪缴。

漫天的烟来漫天的雾，
半空里卷起黑烟柱。

好比那风卷山林狼虎啸！
好比那千层怒浪万丈涛！

天不怕来地不怕，
十七个勇士往前爬。

离队不过十米远，
有一颗炮弹开了花。

一阵子轰鸣一阵子响，
一阵子雹子雨打在身上。

爆炸过去烟散开，
郝登山——东倒西歪站起来。

数一数来看一看，
心上好比刀子穿。

五个组员负重伤，
三个同志眼闭上。
……

看看这同志看看城墙，

看看自己腿上鲜血淌。

心中这血来血沸腾，
郝登山——面向大家把话明：

“挂了轻花不下火线，
身负重伤不叫喊！

完不成任务不把火线下，
宁死在城墙上不死城墙下！”

八个勇士齐张嘴，
声音答应得真干脆。

身上收拾个利落轻便，
九个身影顷刻又不见。

前后左右大炮震天响，
考英雄就在这生死场！
……

万里夜空霍划开，
后边消息送过来：

“炸垮了九号大碉堡，
前进的障碍扫清了。”

发扬咱们的光荣传统，
争取功上来加功。

突击组——兴头冲冲劲头高，
一股劲飞奔往前跑。

越过里壕和鹿砦，
跳过那铁丝网身不挨。

英雄们——离城不过三百步，
敌人慌忙把路堵。

郝登山右肋下面中一弹，
又一颗子弹打在左肩。

脚不停来冲向前，
郝登山不把伤口正眼看。

五十步来三十步，
紧闭嘴来牙咬住。

红溜溜望城墙，
郝登山——两手扶在梯子上。

梯前绑好一束手榴弹，
双足登住城墙沿。

两个组员在后推，
郝登山——登城猛如飞。

梯上有血，
砖上也有血。

梯到城头人也到城头，
凶狠狠——无数眼睛把他瞅。

郝登山——面对千百黑胸口！
千百条火蛇身边窜。

眼前的手榴弹团团转，
连烟拾起手榴弹。

伸手扔到敌人前，
千万件事儿全忘记。

心中滚着话一句：
“就是他落下千颗万颗，
千颗万颗休想打倒我！”

子弹穿过了右耳朵，
子弹打得左指落。

右臂上接连中一弹，
打断了骨头不能动弹。

同志们爬城爬到城半腰，
眼看着敌人上来了。

好一个铁打英雄汉，
左手拿弹牙咬弦。

心中的仇恨心中的火，
手榴弹扔出一颗又一颗。

争取了时间三分钟，
两个组员爬上城。

看见那无数金星眼前闪，
郝登山——眼前黑一片……

你争先来他奋勇，
千军万马来登城。

有一个人儿倒下来，
手握着炸弹没松开！

（十四）

风卷大旗呼啦啦飘，
解放军把运城解放了。

鲜血浇得胜利花儿开，
有一副担架抬下来。

看他这年纪年纪轻，
看他这伤势伤势重。

浑身共有九处伤，
鲜血湿透棉军装。

流血过多脸色黄，
手脚摊在担架上。

这个人没父没母去把兵当，
这个人一肚子冤苦泪两行！

这个人——解放军里才苏醒，
这个人——千万人里当英雄！

心里有事就是他，
就是他——九死一生把城爬！

莲根长在深泥里，
各人这心里都有底。

张开嘴来还有一口气，
断断续续说出一句话：

“先不要把我抬到医院，
抬我去见见指导员。”

指导员身旁放担架，
郝登山说出最后一句话：

“指导员了解郝登山，
你看俺——够不够一个共产党员？”

葵花儿朵朵朝太阳，
普天下好儿女向往共产党。

指导员感动又难过，
抓住了英雄手把话说：

“战场的行动就是考验，
你完全够个好党员。”

心中悲来心中痛，
英雄这脸色已平静。

脸色惨白手也凉，
眼皮下垂没把眼泪淌。

嘴角上泛过一个微笑，
慢慢地慢慢地啊，
眼睛闭上了……

山上那松柏长年青呀，
纪念碑上不留姓名……

一九四八年冬　山西新绛石人巷四号

第七辑　郝海龙和他的仨儿子

（农民忆苦思甜说唱“素材”）

（一）

五千年历史开头难，
农民怎样把身翻？

怎样抗击侵略者，
怎样搬掉“三座大山”？

这故事发生在山西省沁县——
有个村子叫旺庄，
旺庄里有两个活“阎王”：

温吾生、温水生本是亲弟兄，
有钱有势村里头一名。

三七年鬼子占了沁县，
农民加倍受熬煎。

鬼子要成立维持会，
老百姓又躲又是推。

县城的鬼子生了气，
集中周围据点的兵力。

几次偷偷来袭击，
竟然没有占便宜。

指派汉奸去打探，
知道旺庄有郝老汉。

组织“农协会”，
团结众乡邻，
专和鬼子来打拼。

那年月——
抗日的大旗呼啦啦飘，
旺庄人怎能屈腰。

祖先的骨血祖先的根，
郝家是开明的大户人。

他的大名叫郝海龙，
膝下有儿仨弟兄。

成宝老大排第一，
他在乡委当书记。

二儿子就叫二宝，
听说在外村把书教。

三宝儿子最年轻，
跟随老父在家务农。

只为鬼子常夜袭，
常领乡邻上山去躲避。

经常黄昏时就出村，
挟着一床被，
雪地里陪着星星睡。

听说鬼子带着大狼狗，
不敢撒尿钻山走。

北走十里折回又向南，
身上只有一颗手榴弹。

这时村里发现有内探，
他们的根底就是三青团。

表面上大家讲“统战”，
背后搞的是“曲线”。

溜溜舔舔凭的一张嘴，
偷偷摸摸靠着两条腿。

见人鞠躬哈腰像个鬼，
进出温家要搞这个维持会。

（二）

俗说山高皇帝远，
温家在旺庄无法无天。

自家编了个“顺口溜”，
方圆几十里夸海口：

“不动土木住高楼，
不种棉麻穿丝绸。

不酿高粱喝烧酒，
不种芝麻吃香油。

荣华富贵样样有，
你看我温家抖不抖！”

他的田地不知多少垧，
佃户排起来二里长。

一盘算盘八十一颗珠，
温家的骡马鸡鸭没有数。

他有深宅和高墙，
住屋嵌着大玻璃窗。

看家护院不用愁，
有人有马身带枪。

高头大马胯下骑，
东村收租西村收利。

旺庄人都把温家怕，
几辈子活在人家脚板下。

（三）

自从建立了抗日政权，
展红旗号召减租减息。

佃户人谁不想减，
怕的是温家势力大没人敢露面！

竟然有人敢出头，
他就是老汉郝海龙。

老辈子受苦心里明，
族人支持骨头硬。

政府的法令是金牌，
敢同温家把理摆。

没想到温家的请帖先送来，
郝老汉不知他装的啥药材？

思来想去下了决心：
就是阎王殿也要闯一闯。

团结抗战是前提，
旱烟袋权当一杆枪。

温吾生前来点头又弯腰，
好比贵人大驾到。

正房的玻璃窗明晃晃，
新油漆过的桌子摆一张。

手也勤来嘴也勤：
“我们本是老乡邻，
喝杯老酒谈谈心。”

四盘八大碗酒一壶，
说笑间三杯落下肚。

客套话尽管说个没完，
郝老汉只管听没答言。

正等待弟兄俩“言归正传”，
温水生捧出大洋一百元。

温吾生忙站起脸堆笑：

"晚辈的心思老伯都知道。

咱村的租子如能不减，
过后我再送一百斤盐。"

郝老汉一思量拿定主张，
揣起钱从容走出温家高墙。

听身后大门关上了，
郝老汉不禁心里笑：

没底的罐子买到家，
已经把你看透啦。

蝎子的尾巴马蜂的针，
蜜糖的嘴巴刀子心。

两山怎会到一起，
你家的美酒醉不到心里。

三天头上开大会，
关爷庙前人成堆。

有人说这租粮不该减，

有人看风来驶船。

咬群的骡子害群的马，
隐藏的敌特说着风凉话：

“为人在世要凭良心，
几辈子吃喝靠的哪户人！

生下来九斗九升的命，
多捞下一合[①]要生病。”

讲话的人倒有三五个，
没有人敢点头把火。

郝老汉气呼呼地站在会桌前，
他那神情好似火一团：

“我家传下来就是受苦，
租种温家地十亩。

种子牛犋都不管，
打下粮食温家分对半。

注：① 合（音各）。

样样花销全除去，
剩下些粗杂粮和糠秕。

一年三百六十五天，
哪一日不把野菜拌！

逢年过节来亲友，
糠窝窝怎能拿出手？……”

众人听了频点头，
那样的苦处大家都有。

“为什么受罪这样久，
都只怪自己不问缘由。

一来地里活忙得喘不过气，
二来是怪自己天生命运不济。

咱们收获的血汗粮，
全都装进地主仓……”

郝海龙说着解开怀，
一百元大洋亮出来。

众人觉得真奇怪，
细听郝老汉道由来：

“温家听说要减租，
请我去抹油嘴上了桌面。

又喝烧酒又给钱，
说隔天再给一百斤盐。

原来是要把我来收买，
乡邻们你们说——

我能不能收这钱，
我的租粮减不减？

要我自己说：
我的租粮一定减，
当众让他拿回他的臭钱！”

好比平地一声雷，
关爷庙前吼声惊动天。

一星火点着了一座山，
众乡邻们齐声喊：

“我们的租粮都要减，
只交二成他也吃不完。

抗日政权虽然困难，
没人稀罕你那黑心钱。”

温吾生立时满脸堆笑，
作揖打躬弯下腰：

“一时想不通我脑筋乱，
众位老乡亲多包涵。

今日公家人也在场，
我完全拥护政府的主张。

红口白牙我说下，
白纸黑字我写下：

五成的租粮改二成……”
新契约上印一个五角星。

乡邻们越看越高兴，
心想着抗日多出工。

旺庄从此更有名，
都知道有个老汉郝海龙。

（四）

“犬牙交错”谈战争，
宏论出自毛泽东。

大部队作战咱不知，
说一桩旺庄事大家听。

一黑一白一整天，
四换寒暖整二年。

树落黄叶九月尽，
深秋天气寒浸浸。

三、四年没搞起“维持会”，
基层躲开日寇大部队。

杨家沟里一个秘密窑洞，
这天驻下乡委机关。

太阳在山尖上刚露头，
郝宝成出窑洞四下里看。

一出窑洞就是山，
多年来——
人不知这个秘密点。

这天恰巧遇见温占元，
他就是隐藏的敌探。

这人今天装拾粪，
想刺探点消息——
讨好日本人。

贼溜溜的眼睛四处瞭……
把宝成吓了一跳，
带上乡委机关转移了。

乡委机关出沟不大一阵，
二宝和众人把沟进。

说起这事来真凑巧，
这伙人发现这地方好。

睡下了农会主任李天臣，
还有村公所几个人。

夜半更深月儿弯，
有人鬼祟祟到窑前？

他的姓名叫张和孩，
李林库也把向导当，
这些人全都坏了肝肠！

这时沟里非常静，
窑中的人们正做好梦。

忽地窗外扔进一颗手榴弹，
李天臣的双脚伤情重……

窑里的人们没有武装，
没有手榴弹没有枪，
周围全是土坯墙。

二宝咬牙勇气升，
领头当先往外冲。

敌人当胸一把揪住，
布好了圈套怎能逃出?!

隐藏的敌探张和孩，
一摇一摆笑着过来：

“不是宝成是二宝，
捉住了兄弟倒也好。

让你们挑着旗子来抗日，
让你们成天闹减租减息……”

倒翦两臂来捆住，
生死全由人家摆布。

枪托子打得胸脯肿，
刺刀戳臂窟窿透明。

黑紫的胸脯好怕人，
伤口处流血血涔涔……

看样子不会活过来，
被敌特一脚来踢开。

然后又跨进窑门里，
炕上的李天臣张嘴喘气。

炸掉了双脚样子真惨，
在炕上已经死了九分。

铺的干草堆上身，
敌特们又放火烧了李天臣，
行凶的罪人踏月走远。

月儿清来月儿弯，
窑里窑外不忍看。

窑外的血人窑里的灰，
沟里这石头也掉眼泪！

第二天郝老汉听见信，
赶到沟里来看亲人。

二宝张嘴难说话，
郝老汉请乡邻抬回家。

眼看着太阳落西山，
郝海龙一路泪不干！

二宝的血迹路上留，
一沟的血泪一山的仇！

黄昏时分抬进村，
二宝还是昏沉沉。

半明半暗的灯花花，
二宝睁眼看见家。

一家人全都围着他，
二宝吐出临终的话：

“记下咱家咱国的仇，
李林库还有张和孩，
他们带路引敌人来……”

摸摸胸口只剩一丝气，
二宝已经把眼闭……

老娘十月怀胎，
喂了两三年奶，
十六年受苦吃糠菜！

三年里有家不敢进来，
三年里不脱衣服睡野外！

二十四五正年轻，
心上剜肉怎不痛！

忘不了李林库和张和孩，
他们给敌人带路进沟来……

一片月光水汪汪……
甚时那太阳照到旺庄？

（五）

八年刀兵日月长，
八年的苦斗鬼子投降。

阎锡山本是战区司令，
抢先受降占了沁县城。

不清查内特和汉奸，
反把日伪军敬成宾朋。

投机取巧驶了顺风船，
温家弟兄也进了沁县。

秋天的雨连阴的天，
旺庄人——
走不完的路子受不完的难。

温家弟兄——
谎说抗日有功，
弄了个官官来带兵。

夜深人静睡不着觉，
思量着怎样打旺庄。

眼中的刺来肉中的钉，
郝老汉一家都是共产党。

一个月不过三十日，
偷袭旺庄有四次。

捉老汉扑了四趟整，
前三遭全都扑个空。

第四次袭击出发早，

鸡娃刚把三遍叫。

风一吹来树叶子响，
旺庄的狗娃叫汪汪。

村里人报信赶快来帮忙，
然后家家都跑光，
只剩下三宝他老娘。

吆喝着进来一大群，
老人家听话听得真：

“跑了和尚跑不了寺，
别再想安稳过日子！”

搜出粮食翻箱又倒柜，
锅碗盆勺全摔碎。

一次次扑空敌特们恼，
他们把老娘捆走了。

阳婆东山出来西山落，
这天旺庄的日子真难过。

轻轻的步子战兢兢的心，
婆姨娃娃悄悄摸回村。

郝老汉家里没有动静，
三儿子叫娘没人答应。

抢走了粮食打破了锅，
屋里屋外七零八落。

郝老汉和儿子干着急，
一时半晌没了主意。

两天后城里温家传出消息：
三百斤小米赎人回去。

东舍西邻都帮助，
凑足数儿赎回亲人。

儿见亲娘泪如注，
娘见亲儿诉起苦：

“两脚用那镢头捣，
六十的身子房梁上吊。”

古今多少惨绝人寰事，
这样的伤心事提不起。

无奈何离开小旺庄，
一家搬到故县镇。

吃喝住宿还没安排好，
收到一封加急信。

写的是大儿郝宝成，
积劳成疾已牺牲……

晴天里响了一声雷，
郝海龙满脸是泪水。

八年打游击真艰苦，
山洞和青纱帐就地住。

风里来，雪里走，
冷一口，热一口。

忍冻受饿苦奔波，
八年的日月受折磨……

死了儿子又捆老伴，
这血海深仇不能忘！

（六）

房檐上喜鹊喳喳叫，
八路军把沁县解放了！

旺庄的人民开大会，
追悼死难的烈士二十七位。

郝二宝还有郝宝成，
弟兄俩的名字写得清。

日盼夜盼盼到这一天，
张和孩捆在主席台前。

早晨的风你轻轻地吹，
满天的乌云你吹开。

山雀雀你尽情地唱，
唱出东山的红太阳。

满山的绿柏和苍松，
郝海龙今日显得年轻。

想起了过去受累受罪，
怎不叫人掉眼泪！

九年的日月不容易，
今日才得扬眉吐气。

一会儿乐来一会儿泪，
一阵子喜来一阵子悲。

郝海龙健步走上主席台，
两眼紧盯着张和孩：

“张和孩，我问你，
我和你有的什么仇？”
张和孩低头答：“没有。”

“再问你，二宝和你有甚仇？”
张和孩不答言低下头。

郝老汉突然高声叫：
“那你为啥杀掉二宝？”

杀人犯自知没道理，
赶快说："不是啦，

原先我是想杀宝成。
他在共产党乡委当书记。"

"你混！你小子识不识数，
宝成又是谁儿子？"

他问完了又掉眼泪，
自家的闺女媳妇围了一堆。

你一句来他一句，
最后有人拿起武器。

郝老汉叫众人"先慢着……"
忍住心头这团火：

"张和孩，你实说：
你听了谁的话，
谁指使你把人杀？"

"我们听了温家话，

温吾生指使我们杀。”

“再问你——
温家又是听了谁的话，
你家的粮米钱票哪里来？”

“听说温家和日本人有勾搭，
给了我——
一斗麦子一斗豆。

维持会给了——
两升小米钱十块。”

郝海龙心里早就雪亮，
让大家见识了一窝狐群狗党。

杀人犯、敌特、鬼子和地主，
一鼻孔出气穿的一条裤。

郝海龙在台上忍住哭，
一伸手又把张和孩拉住：

“张和孩，你摸着个人的心，
你还叫不叫人？

二三斗粮食你就把人害，
我给你二十石，
你把温吾生给我捉来！”

苦引这苦来仇引的仇，
李天臣的老婆泪双流。

说不出三句话就是个哭，
谁不知孤寡生活的难处。

还有众多乡邻受迫害，
一个个鼻涕眼泪地挤进来……

往日的仇人咫尺中，
面对面来怎不眼红？

血海深仇恨难消，
一片怒火越烧越高！

有人喊了一声“杀”！
张和孩吓得软不塌塌。

有仇报仇有冤申冤，

杀人还须人命还。

临时法院就在旺庄，
批准"死刑"立即执行！
……

杀人犯已经躺在地下，
树上的老鸦谗得叫喳喳。

郝老汉叫声二宝把眼睁开，
你看看今天的张和孩。

冬天过去春草又长，
五年没把儿话忘。

（七）

黄河有混也有清，
旺庄开会诉苦情。

几辈子眼泪咽下了肚，
郝海龙今朝往出吐。

“忘记是民国哪一年，
老天不下雨遭了荒旱。

挖尽了草根啃光树皮，
日子不能再活下去。

跑到温家求情面，
天下的好话拣着说个遍。

留得青山不愁没柴，
利大也要借出来。

借给了白洋三块钱，
年终要还四块半。

几斗粗粮熬过一春，
家里人个个黄皮枯瘦。

第二年新粮刚上场，
温家弟兄催租忙。

一年的辛苦缴了一半，
剩下一半他要补去年。

一家跪下苦苦哀求，
扔下了粗粮有一斗。

年底又逼着把账还，
土窑里空空真可怜！

不看僧面看佛面，
三宝爷——
给他家扛活二十六年。

几块钱本生利来，
利又成本——
粘着血泪“驴打滚”！

过大年家家把灯挂，
我家的红灯温家摘下。

温家的娃娃放花炮，
三宝在炕上哭号啕。

他爷爷那年死得苦，
席卷着老骨头埋了黄土。

临终想吃碗白面汤，

滚热的面汤喷喷的香。

六十岁没有直起过身，
在温家受苦二十六春。

血一把来汗一把，
收了麦子面磨下。

槽里的牲口切草喂，
缸里满满他担下的水。

起五更炭窑去驮炭，
进城买油盐。

白面汤，温家弟兄吃得香，
三宝爷临终没见上……

父子们一年受到头，
双手好比一只漏斗。

血汗搅着粮食送进温家，
泪拌着糠秕自己留下。

东山的日头背到西山，

出去时踏月亮回来星满天。

地里受苦饿得发昏，
两眼的金星星撑不住身。

村中的鸡娃报了晌午，
汗透黄土肚里叫咕咕。

三宝的老娘送过饭，
一个糠窝窝一茶缸水。

不是窝窝黑又粗，
有老有小怎能下肚？

一块窝窝分成两半，
看看娘看看孩不能下咽。

两块窝窝又把四半分，
拿起那一口窝窝泪纷纷……

山雀雀鸟儿山谷里叫，
穷人的难处它不知道！

它又唱喜来又唱悲，

穷人的悲苦告诉谁？

满山的野花颜色鲜，
眼含着泪水没心观看。

花分红来又分白，
受苦人和泪水分不开！

年年树生新芽草发青，
年年泪拌糠秕受贫穷！

千年的大地万物变，
单单这穷根没有断！

村连山来山连村，
满山都是泪和恨！

山连村来村又连山，
穷人千年万年受磨难！

猪狗的吃食牛马的罪，
提起来怎不让人掉眼泪！”

郝老汉伸手把泪揩，

他说的都是真情实话：

“路由人踩山由人开，
地上的五谷咱们种出来。

身上的穿戴咱们织纺，
村中的楼房咱们垒盖。

子弟兵流了血，
才打出今天的太平年月。

不务庄稼不该吃五谷，
不种棉麻不该穿麻布。

自己纺棉身上穿，
自家磨油更香甜！

抬木烧砖住的暖房，
流血流汗才把太平享。

人生的根本是辛勤，
最辛勤的还是庄户人。

地上的山川天上的月，

劳动的人民创造世界！

种瓜得瓜种豆得豆，
劳动的人儿理应享受！

太阳出来满山红，
还是劳动者最光荣！

地上的汗水太阳的光，
劳动者才是万世久长！”

眼中的火来眼中的亮，
郝老汉手臂举过头上：

“共产党实行耕者有其田，
千年的穷人齐把身翻。

不靠命来不靠天，
老天千年不把穷人怜！

前几年咱村正把减租闹，
温家人情做得周到。

往年哭求借不出黑麦，
那年他又送钱来又送盐。

往日的温家抖不抖，
为甚开会他灰溜溜？

往日的温家坐镇三山，
如今他夹起尾巴来一溜烟。

天下的受苦人是一家，
团结起来阎王也害怕。

举起手来把天遮起，
打个喷嚏下大雨！

一根棍子撑不住腰，
大家拾柴火焰高！

一把筷子才能立住脚，
穷人翻身靠团结。

压雪的大山千年的寒，
今儿这太阳照上山。

千年受、万年受已经受到头，
苦龙套、苦夹嘴再不戴上口！”

（八）

崖畔上鸡娃子叫几声，
送走黑夜叫来天明。

山雀雀鸟儿山头上唱，
山头上迎得好太阳。

满天的乌云风吹开，
太阳的笑脸露出来。

太阳在山头上冒花花，
郝老汉的光景春草发芽。

太阳升起丈把高，
照见分下的三间窑。

太阳出来满山红，
毛主席的相片挂在窑中。

太阳的光道道晒进屋，
窗户上贴的龙盘兔兔。

晌午的太阳转到中天，
一家大小都喜欢。

亲骨亲肉亲手足，
郝老汉亲的是黄土。

老辈子本有二十亩地，
灾荒年月典出去。

祖先的根基又回来啦，
郝老汉喜得心里开花！

小铜铃儿叮噹响，
一头毛驴拴在槽上。

往日这毛驴怪调皮，
这会它老实地嚼草哩！

不种地不知道种地的难，
尝过了黄连才知道甜！

想起过去看看现在，
欢喜的眼泪又要流下来……

井里的甜水什么人掏？
苦难的河上谁搭的桥？

毛主席的恩情深不深，
问一问咱这些受苦人。

毛主席对咱有多好？
眼包着泪花说不出来了……

还有咱八路军、新政府，
磨破了铁鞋没个寻处！

郝老汉心里打算盘，
算计着怎样把身翻：

前村的山梁地种糜谷，
糜谷都把四遍锄头。

粪土上饱雨水调，
管保明年收成好。

村后地里种高粱，
不见阳婆也能长。

余下的平地种棉花，
棉花地里夹芝麻。

受苦受累甘心情愿，
自己苦来自己甜。

又织布来又纺线，
闺女媳妇全都不闲。

织成新布自家穿，
明年都把新衣换。

猪娃喂上两三个，
下蛋母鸡抱一窝。

鸡蛋满筐猪娃长大了，
挑起筐赶猪去慰劳。

今年的光景春草发芽，
明年绿草里开红花！

三年两年要翻身，
一年更比一年勤！

（九）

秋风起来飘黄叶，
张和孩死了个半月。

树叶黄来庄稼黄，
地里忙来场上忙。

村连山来山连村，
满山一片是黄金。

山连来村又连山，
村村穷人有了好庄田。

狼尾巴谷子大穗穗，
羞答答低着头像妹妹。

狼尾谷子全都割倒，
今年的收成实在好。

狼尾谷穗重甸甸，
量量足有一尺半。

狼尾巴谷穗背在身，
汗在头上喜在心。

狼尾巴谷子背到场上，
风车响来糠秕扬。

黄澄澄的谷子装进麻口袋，
满心的欢喜说不出来。

黑夜老汉做了一个梦，
梦见自己的好光景：

两头大犍牛拴在槽，
咯嚼咯嚼地低头吃草。

满满的仓来满满的窖，
打下的粮食没处放了。

一家都把新衣换，
碗里香喷喷的黄米饭。

泔水糠秕倒进槽里，
猪娃们抢着争食哩！

耳房的草来仓房的粮，
五口暖窑都向阳。

三宝的媳妇养下孩了，
白胖的孙孙怀中抱。

郝老汉想起了吴满有，
“我也要朝他那道走。”

抬头看见了毛主席相，
毛主席向他招手哩！

有话说不出老汉只是笑，
笑着笑着笑醒了……

鸡不叫来狗不咬，
眼下这旺庄一片静悄。

正言旺庄深夜静悄，
半夜三更谁还吼叫？

声音不近也不远，
好像就在场边边。

吼的姓来吼的名，
吼的名儿“郝海龙”。

“郝海龙，烧了场啦！”
吼的人嗓子已经沙哑。

郝老汉一轱辘爬起来披衣裳，
三步两步赶到场上。

农会主任也是刚刚到场，
没烧透的谷秸冒着一缕烟，
垛起的谷秸还有房高。

没看见火势哪里起，
看着那火灰说不出话。

站在那里像个哑巴！
好像是好梦刚才醒，
半天才说：“真烧啦……”

众人救火火已熄，
一句话刻在心底。

“死了的张和孩还有后台，
温吾生、温水生是亲兄弟。

还有李林库和温占元，
这些人都是祸害的根源！

翻身一定要清醒，
别叫汉奸特务钻了空。

你是棵麦芒我是根针，
尖尖相对仇恨深！

两山一辈子到不了一起，
总有一天见个高低！”

（十）

天上无云万里晴，
山头和树梢披彩虹。

山也红来树也红，
共产党来了穷人红。

毛主席喜的咱受苦人，
隔山跨河心相连。

七十二行务农强，
行行都出状元郎。

沁县城贴出翻身榜，
郝海龙的名字题在上。

带上三宝去进城，
开会看看众英雄。

郝海龙今年六十三，
大朵红花插胸前。

万人的眼来万人的嘴，
“看看那郝海龙是个谁？”

街上挤得水泄不通，
郝海龙心中真高兴。

旧时的郝海龙头不敢抬，
草长在大路上任人踩。

如今的郝海龙树上的花，
人人赞来人人夸！

想起那无冬无夏受个够，
想起那整年整月衣食愁！

想起那老爹爹死得苦，
想起一口窝窝难下肚！

想起那二宝心上的肉，
想起那一沟的血泪一山的仇！

想起那撇下热炕逃到故县，
走不尽的路子受不完的难！

想起那报仇雪恨分下庄田，
又想起场上的新粮遭火烟！

苦后有甜，甜中又有苦，
甜酸苦辣一时难说出。

千言万语压在肚里，
十句话引出另一句：

“闹革命好比上高山，
山路险来山路弯。

石块块绊脚，脚要高抬，
圪针针扎脚要当心。

太平年月还要靠流血，
子弟兵习武保翻身。

三个儿子两个死，
我带老三来见识见识。

他的名字叫三宝，
我死了他还能接班。

世上的斗争没有个完，
我活一天就要斗一天。

说不出话来泪珠滚，
感动那苦海里的过来人！”

（十一）

开罢会了十多天，
胡军的炮火耳边传。

上级号召年轻人报名参战，
村村的好子弟争上前线。

没风的晚上数星星，
数不清地上多少民兵。

村村的穷人都翻身，
村村出来那扛枪的人。

好比春天黄河开，
大块的河冰冲下来。

一队过去又一队，
这村过去那村来。

肩上的枪来背上的包，
三颗手榴弹缠在腰。

满脸的红光穿的蓝裤袄，
羊肚手巾头上包。

走起路来迈的大步，
年轻人的火性压不住。

参军的潮来参战的浪，
参军的浪潮卷到旺庄。

父是英雄儿好汉，
三宝报名报在先。

家人一夜没有睡，
做成鞋袜各一对。

妇女们熬得灯油尽，
做一朵大红花好喜人！

离家也还是为了家，
给咱子弟插朵大红花。

一路锣来一路鼓，
小学生一路扭的秧歌舞。

一送送到三岔路口，
走的人送的人两分手：

“拔了萝卜断了毛根，
好好刨开翻个透身。

断了毛根再刨老根，
打走那抱着老财腰的人。”

郝海龙也把儿子送，
几句话儿你记清：

“前人踩路给后人留，
三宝，你沿着哥哥的脚印走……”

一九四七年二月　新绛石人巷四号

第八辑　穷娃苦海求生记

（认识旧社会、认识穷娃、认识地主）

开头

听上辈老人的传言：
祖居山西榆次县。

乾隆年间遭荒旱，
逃难逃到五寨县河湾。

湾上那晴天明格朗朗，
莫非这儿就是天堂？

河湾村缺树不缺沙，
逃难人想先安个“家”。

又没房椽又没土，
讨吃没那立棍处。

祖孙三代把工揽，
流干血汗才闭眼。

黄连留根穷人留苗，
我在那困苦年月出生了。

房没一间地没一垧，
祖先爷留下手一双。

羊羔羔落地咩咩叫，
苦甚叫甚谁知道？

十三上放牛十五揽工，
谁人怜来谁人疼！

说起那命来不如狗，
提起那苦来苦过个牛。

二十年受苦不到头，
二十年揽工泪长流！

二斗莜麦

河湾村本来雨水少，

三年里两年收成不好。

自从我娘生下了我，
瓮里见底粮没一颗。

地多粮多肥骡骏马，
河湾村有个梁光化。

背上口袋去求情，
借给莜麦二斗整。

五月里杏儿扁个圆圆，
尝一丝儿甜来吃一嘴酸。

秋天庄稼又没收，
二斗的契约写成三斗。

连年歉收苦上苦，
隔年写成四斗五。

第三年付利付了一半，
接着就又把新约换……

利滚利来利头重，

长年长月还不清。

我八岁时滚成百多石[①]，
十个骡子驮不完。

逢年过节心中跳，
逼粮的梁光化又来了。

吆着牲口领的长工，
梁光化来得太实凶！

七手八脚乱拾翻，
盆盆罐罐搜个遍。

能驮的驮来能拿的拿，
一家人个个像哑巴！

猪头蹄

十岁那年收成又不好，
打下的粮食统统缴租了。

注：① 石（音担）。

一年辛苦一年忙，
一冬一春没见一颗粮。

苦菜搅拌山药蛋，
娘母们当做好茶饭。

春天里开花走亲家，
好心的外爷给个小猪娃。

阳婆儿刚刚来出山，
就到山坡把苦菜剜。

哪是甜苣哪是苦菜，
小小年纪认得明白。

阳婆儿落山回家转，
苦菜剜满一篮篮。

人吃是它猪吃也是它，
喂饱了肚子喂猪娃。

眼看冬来飘雪花，
苦菜喂的猪娃大。

杀下猪肉六十斤，
娘母们个个喜在心。

兄弟们馋得流口水，
妈妈煮了些猪杂碎。

杀猪听见猪哼哼，
地主老财眼睛红。

老实的庄稼汉任人欺，
善性的马儿任人骑。

这个出了那个进，
你一刀来他几斤。

一阵阵风来一阵阵沙，
心上好比刀子扎！

两片子猪肉割了个光，
猪头猪蹄扔在地上！

藏了猪头又藏猪蹄，
二斗莜麦偷偷磨起。

猪头猪蹄也挺好，
过大年吃顿莜面饺。

小雀盼老雀寻食转，
弟兄们盼的过个好年。

三九的天气伸不出手，
那天是个腊月二十九。

鞭儿响来人声嚷，
梁光化领长工往里闯。

一双贼眼满窑乱扫，
粗声大气连声吼：

“穷小子鬼心操得大，
我一来，粮食全藏啦！”

东也摸来西也搜，
欠人家粮食怎不低头？

瓮瓮罐罐连底看，
到处都是光旦旦！

藏肉的地方一家都知道，
搜到了那搭一家心跳。

梁光化伸手提起猪蹄，
“穷滑头们还配吃这哩！?”

搜出那头蹄我们哭了，
搜出那头蹄妈妈央告……

提着头蹄喜笑颜开，
人家连睬也不睬。

进门来如狼似虎搜个光，
出门去吆三喝四鞭儿扬！

十三岁

十岁以前受够折磨，
哭了还比尿了的多！

忘不了受苦的辛酸泪，
记得那年刚满十三岁。

妈妈拉住了衣角角，
还没说话泪掉了。

“养女不出十八年，
小子不吃十年闲饭。

爹妈喂养得像个个子啦！
出门做活赶个口吧！”

听了妈妈一席话，
眼含泪花离开了家。

兑九坪有个地主韩一楞，
让我给他放牛当牲灵用。

人家说年轻不中使唤，
只管吃饭不给工钱。

我百事小心怕出错，
头一年放牛还好过。

只管吃饭还嫌不合算，
第二年又把活儿添：

放牛一天牛歇了，
歇下了牛儿还要铡草。

星星挤眼出月亮，
量一量铡刀比我长。

按不动铡刀把草抱，
抱一抱草来比我高。

悄悄地说了句“抱不动”，
东家的火儿往上升。

“这小狗日的调皮哩，
不想干了滚回去！”

劈头骂来按住就打，
哭了几声人家不要啦！

回到家里爹不在，
给人家受苦回不来。

家里没米揭不开锅，
回到家里更难过！

娘看儿来儿看娘，
娘儿俩抱住哭一场！……

想来想去没法办，
又到歧林村“打短”去。

手举镢头把地刨，
从早到晚不敢伸伸腰。

“四蹄”累得滴溜溜转，
吃不上一口好茶饭。

头晕眼黑没力气，
臂痛腰酸肚里饿。

人吃黄土，黄土也吃人，
刨不上半月命就归阴！

七天头上实在受不了，
硬着头皮去把东家找。

东家心狠话又滑，
你听他说的是甚话：

“七天撩毛，十天打短，
受不够十天不给工钱！”

打短时话儿说在先，
百二铜钱刨一天。

咬烂舌根说好话，
百四铜钱给咱扔下！

在贾文科家

在家实在住不成，
又给贾家去揽工。

贾文科住在窑沟村，
他使唤娃娃如大人。

种莜麦不管死和活，
一天抓粪九十驮。

脖子勒肿了两大块，
胳膊酸痛得抬不起来。

抽个空儿回趟家，
回家看见了亲生的妈。

看见了妈来就是哭，
两行热泪把话噎住。

叶密枝全才能把花开，
这苦水孩儿吐不出来！

是花都有连心的根，
妈妈见了怎不痛心?!

眼泪好似珍珠儿断，
拿双袜子垫在儿肩。

在家实在没办法，
垫着破袜子又离了家。

第二天照样又去抓粪，
地畔上走过来一个人。

看着我抓粪半晌没动，
面对贾文科称“先生——

只见箩头不见人，
这娃娃受苦顶个大人。”

公平的话儿不中听，
贾文科冷冷地笑两声！

那一天贾家吃肉菜，
贾文科的话儿说了出来：

“二小子，你说，
这白膘红肉你爱不爱？”

咱那时候年纪小，
人情世故不知道。

心想：整天给他好好受，
也许他今儿给吃点肉？

顺口说了一声“爱”，
他一翻眼皮话又出来：

“哼！看着我吃吧！
谁让你家没钱来？！

人无钱来不如鬼，
茶无叶来不如水。”

猪肉吃得他嘴唇滑，
滑嘴滑舌又说一句话：

“人这命来都是天定下，
你那命长在黄连根上啦！”

串打

贾家的气来贾家的苦，
难写难说难诉出！

生气和受苦实在受不了，
另找个主儿总比贾家好?!

秋去冬来又一年，
第二年又把东家换。

牧家沟地主李茂云，
唉！提起来一言又难尽！

多少事儿让人心酸，
我只说上一件件：

上工时话儿说得清，
做完九个月就满工。

一年辛苦一年忙，
树落黄叶收完场。

去找东家把账算，
李茂云话儿说得甜：

“你看这冬时寒月，
受苦人回家也没做上的饭。

回家不如不回家，
在这里‘串打’几个月吧！”

雇到的长工买到的马，
由人家使唤由人家打！

整整一冬天天去背柴，
背柴跑到二十里外。

来回四十里背柴回来了，
拿起扫帚把地扫。

闲下了怕你身子难过，
又掏茅坑又推磨。

一夜起来三五回，
槽里牲口切草喂。

腊八接着灶王爷上天，
飘着雪花过大年。

泡下豆儿豆腐做成了，
磨儿推上千百遭。

推下面来箩子箩，
背下柴来蒸出馍。

清水担满他家瓮，
窑里院外扫干净。

撕去旧纸糊新窗，
对子贴在大门上。

家家都把红灯挂，
三十晚上他说了话：

“二小子呀过年啦！
你乖乖地给我回去吧！”

串打了几月一场空，
两手空空回家中！

心上的火来眼中的泪，
地主就这样狼心狗肺！

地主亲戚东家

过了大年又离家，
新东家叫个“胡柱姓”。

亲一层来厚一层，
他和我家沾亲朋。

地主的苦头受怕了，
亲戚东家总比外人好？！

一天受苦两头黑，
放羊打杂甚都做。

给他受苦拼上一条命，
亲戚东家总会领情?!

除开收秋吃顿莜面，
从春到冬不见好茶饭。

记得那日过大年，
心想，总不会再给我另做饭?

放羊回来兴头冲冲，
看见那“河漏”① 倒在泔水桶。

端上饭来高兴地“瞭”，
还是那天天吃的“糠牙糕”!

不由得心上一阵酸，
一双泪珠含两眼。

忍气吞声往下咽，
胡柱娃过来坐在跟前：

注：①“河漏”用和好的荞麦面、高粱面等轧成的长条，煮着吃。

“这糠牙糕就不赖，
吃起来软筋筋的。”

我咬住牙没把口开，
含住眼泪没掉下来。

给他受苦把命拼，
这就是地主亲戚的“良心”。

亲一层来厚一层，
穷人和地主总隔一层！

善人

过了年又把好主寻，
揽工揽在沙湾村。

沙湾村地主胡宝元，
传出的名儿他“行善”。

早晨起来事儿头一件，
灯柱子一样跪在佛前。

晨昏必然三叩首，
早晚烧得一炉香。

他说这是“日进之功”，
天长日久把佛感应。

受苦一天身子乏了，
早些憩息才能起得早。

走过来“善人”胡宝元，
命呀、运呀地把你缠。

要听来赶明起得迟，
你要不听不好意思。

那晚上他给我把命算，
算下的命来是“七钱”。

接着他又把命讲，
甜言蜜语刀心肠！

“你这命是属鸡啦！
刨一爪爪吃一爪。”

听见这话愁在心上，
当时不由地这样想：

怪道生来就这么穷，
原来命里早注定。

看见我愁眉苦脸不把口开，
老头子心眼生得乖：

“你这命来还能感应，
好好地动弹就能转过来。”

给他老婆算下“二两”，
喜得她也来把话讲：

“有福之人人伺候，
无福之人伺候人。”

从此这心中压上石头，
没明没黑给人家受。

总盼着“老天”显显灵，
把我这穷命感应感应。

日久能把人心见，
路长才知马儿好。

给他受苦四年整，
长年长月当牲灵。

一年只有鞋一双，
下地不穿扎得慌。

穿上鞋——破了缝不起，
受苦人两头为难哩！

刨山林地是第四年，
由我一个人把工揽。

一个人儿捣不过来，
找几个伙伴一搭开。

捣地时工钱讲在先，
捣一亩地一块半。

多少事儿都能记，
捣地那苦处不能提。

好容易才把地捣完，
把东家请到地畔畔。

当面丈量下六十三亩半，
宝元老头子他不干。

“山林地来不值钱，
拐拐角角不能算。”

亲手他丈下了三十零半亩，
拐拐角角不打数。

“这样丈地是奇闻，
你也未免太丧良心？”

老头子油调又滑腔：
“我家代代就是这么丈。”

除去吃饭把账算，
一年才挣下三毛五分钱。

算账下工越想越生气，
这肚子怨气向谁说去。

一路走来一路想，
一路上眼泪连珠儿淌。

“放羊苦来种地更苦！
贾家狠来胡家更狠！

多少地主活在黄土上，
咋没一家长个好心肠？”

寻食的鸟儿

带着眼泪回家来，
妈妈在家爹在外。

看见亲人更心酸，
受过的苦处诉一遍。

丝连藕来根连树，
妹弟也哭妈也哭。

妈妈带泪把话说，
话儿出自没奈何：

“受苦也还要把长工当，
回家来又有甚指望？

多少还能挣几个，
弟妹们也有碗糊糊喝。”

说着哭来哭着又说，
比针儿扎心还难过？

左也思来右也想，
只有伺候人再把长工当。

鸡娃子昂头报晌午，
小长工有家家难住！

枕头一往怀里抱，
难过的眼泪就掉了。

“什么时候——
这牲灵长工才能不当？

什么时候——
枕头能放回自家炕上？”

抱枕头走出大门口，
眼泪还是止不住地流。

“年年都把东家找，
活像一只寻食的鸟。

风呀雨呀满天吹打，
飞起来不知落在哪搭？”

妈妈和妹妹站在门口瞭，
我寻食的鸟儿又飞了！

南山虎

簸箕洼揽工苦更苦，
东家的混名南山虎。

真名他叫“拴骡子”，
拴住长工当牲口使。

春连着夏来夏连着秋，
一年三季地里受。

收完了秋来不让你闲，
赶上骡子去送椽。

鸡儿刚把头遍叫，
骡儿饮过鞍儿备好了。

从村到城四十整，
起身时分天不明。

四十里大路不算长，
三十里大沟不见太阳。

财主若把骡子赶，
皮袄毡鞋身上穿。

烂棉袄我只有一件，
脚拖的破夹鞋没有袜子穿。

冻得实在支不住啦，
眼仁仁都要往出跌呀……

冬天里夜长白天短，
来回八十里天色晚。

掌灯时分才进村，
进门劈头他就问：

“为甚你不早些回来，
看把这骡子饿成甚？”

长工一夜吃的两顿饭，
挨冻受饿谁能看见？
……

提起南山虎的欺负人，
说上十天说不尽。

夏天让长工住东房，
东房下午照太阳。

三顿饭都在东房做，
房也热来炕也热。

受苦一天身子乏了，
回到房里像火烤。

睡也不好，不睡也不好，
盖被不好，不盖又不好。

半夜里他给你开开窗，
下面烫来上面凉。

吹得人常把肚子拉，
你听他说的些甚话：

“拉肚子不能少吃上些”，
穷人们甚也和人不一样。

到冬天来打个倒颠，
长工房里不做一顿饭。

赶骡子天黑才回来，
生火还要自己劈柴。

柴湿熏下一屋烟，
好容易才把炕烧暖。

烧暖炕来 鸡也叫了，
狗日的地主站在院里笑：

“长工夏天是黑狗晒蛋，
冬天倒来个猴儿吃蒜。”

……

第三年实在受不了，
寻思着另把好主找。

说好的九月十五就下工，
九月初九把节逢。

逢节家家吃得好，
东家吃的粉汤油糕。

刚刚把碗端起来，
地主的话儿也出来：

“平日你尽把骡子打，
尽是你打得它调皮啦！

当时咱不敢和他吵，
只说：“吃完饭息息再说吧！”

当下地主把气发，
张口就把人来骂：

“甚时想说你才说，
你倒当起主来啦！

骡子是我的命根子，
这是我的心疼事。

心疼的事儿放在前，
老子管你吃饭不吃饭！”

难过的饭也难往下咽，
当时他就把账来算。

四十五块三毛钱早说好，
他只给四十块就算了。

“到下工还有五六天，
你的工期还没满。

依不依来都由你，
城里有衙门你告去！”

不依又有甚办法，
记起常说的两句话：

“八字衙门洞洞开，
有理没钱别进来。”

那时候世事是地主的，
穷人还敢去告人哩！

唉！真是——鸡爪爪黄连苦豆根，
苦言苦语苦在心。

南庄砍柴

父受苦来儿子也受，
没明没黑没尽头。

父子俩受苦直不起腰，
家里的日子还是过不了。

一家又搬到南庄上，
新东家叫个安和尚。

外号他叫个“野土匪”，
听说他常把良心亏。

揽工揽得揽怕了，
和人家伴种也许好。

红口白牙讲明白，
打下粮食四六分开。

又戴月来又披星，
父子俩受苦六月整。

六个月日子实在凄惶，
家里没有一颗粮。

借了东家三斗莜麦，
熬点糊糊拌上糠菜。

实在饿得没法办，
爹到山里把柴砍。

砍下了柴来村里卖，
两口袋冻山药换回来。

做饭时不敢煮得多，
顿顿饭还要数颗颗。

娃喝上糊糊就算好，
山药尽着大人吃了。

大人吃上才能下地，
你亲娃娃又该咋哩！

娃娃们没吃又没穿，
一个个黄眉又瘦眼。

地主看见就恶心，
穷人的娃娃也不喜人。

整天价少吃又缺喝，
到了地里怎做活。

那一日耕地耕到半前晌，
爹爹的痛苦实难当。

浑身上下没力气，
两臂酸痛肚里饥。

眼也黑来头也昏，
两条腿杆撑不住身。

支架不住赶牛回来，
回家的路上腿难抬。

牵牛刚刚回到家，
野土匪跟着找来啦：

“看你们这眉眼也不行，
不如我另找人，你们回去吧！”

好话说上千万句，
人家总是不搭理。

“你一再叫回我们也没办法，
我们也受了半年苦哩！”

“眼看着庄稼就要下场，
你给我们分多少粮？”

“青苗子还在地里长，
你们偏就想分粮？”

地主蛮横不讲理，
爹爹说话性子急：

“东总不能说成西，
方的不能说成圆的。”

"给你受了半年粮食不分，
多少也得给几个钱！"

一句话说得地主翻了脸，
一阵子不停地吼滚蛋！

有钱有势又耍无赖，
一家人让人家赶回来。

回到家来好不凄惶，
穿风的窑洞冰凉的炕。

眼看着阳婆落山呀！
我和爹打短又走啦！

和尚地主一样狠

家里租种外面打短，
一年里头在家半年。

父子俩受苦两头忙，
家里还是个吃不上。

出租的东家是个荤和尚，
猪肉吃得肥肥胖。

他这个地主也不小，
单女人就有三个抱。

荤和尚常来把租逼，
缴不起租粮常受气。

收租他专门有个斗，
“出入公平”写在上头。

满满的咱盘上一斗整，
倒进他斗里成了八升。

有年收成又不好，
荤和尚又把租来要。

缴不起租来乱拾翻，
门门窗窗全打烂。

当年腊月断了粮，
当时还多少有点指望。

几年的辛来几年的苦，
喂下的干牛下了牛犊。

指上牛犊来借钱，
总不像空借那样难。

魏家沟地主杨二奴，
看见这事儿有利图。

借给了白洋十二块，
一张文约写了过来。

那时咱是个睁眼瞎，
白纸黑字由人家划。

“……冬天如若钱不还，
大小牛全由钱主掌管。”

几条人命虽然保住啦，
心上这石头没放下。

天天看见那瘦干牛，
还不起钱来心上愁。

凑巧那年收成又不好，
借下的钱来还不了。

冤家常是路儿窄，
杨二奴寻上了门儿来。

妈妈一见知道“理短”，
赶忙让到家里边。

请人家坐来人家不坐，
烟不吃来水也不喝。

“杨先生，
你总得手高手呀高，

你看今年这年成，
实在又赶了个不好。”

杨二奴把脸一往下沉，
两道眉毛锁得紧。

“放债蓄利吃酒为醉嘛，
没钱让我把牛牵回！”

看着人家牵牛走远了，
妈妈的眼泪也干了。

坐牢

揽工受尽了人间折磨，
坐牢的滋味也尝过。

杨怀珍住在韩岭庄，
那年我给他把牲口放。

一匹马儿病死了，
我请东家去瞭瞭。

“牲口既死了就算啦，
你把它皮子剥下来吧！”

听话头东家满大方，
一句说完一句又接上。

“小心皮子不要剥烂，
卖了皮子给你顶工钱。”

咱想：东家既把话儿说，
按他话做不会错。

皮子剥下又卖啦！
杨怀珍忽地变了卦：

“皮子掉得不清白，
定是你把它来倒卖！”

还没同他把理讲，
他就把我告到区上。

一个纸条二寸宽，
区里警察前来传。

区公所院里让我等，
等了半天没动静。

杨怀珍一脚踏进来，
警察笑脸拉下来。

“杨先生赶紧进去坐，
区长等你把茶喝！”

心也热来嘴也勤，
比见了亲老子还要亲。

两人在房里咕哝了半天，
又说又笑把心谈。

一句话也没跟我说，
就把我押进了看守所。

一押就是四十天，
四十天头上把我传。

区长开口头一句话：
“你给人家赔不赔呀？”

我说：“唉！好区长咧！
这事实在是冤枉，

皮子是他让我剥下卖啦！
不信你去调查调查。”

区长老爷一下子就恼了，
大声喊来大声吼：

"这家伙是个无赖，
不赔再给我押起来。"

溜舐的区警二话不说，
又把我押进了看守所。

眼看着十天又过去，
好不让人心着急。

黑房子坐到哪一天，
不赔人家事儿不完。

误了营生且不说，
一家还把肚子饿。

赔吧！"穷汉脊背宽"，
坐黑房子不合算。

一年的苦来一年的罪，
四十块钱刚够赔。

郎三元赖账

穷人若欠下地主的钱，
一日里催讨两三遍。

黑驴打滚利滚利，
滚完了你的房和地。

地主若短下咱的几个钱，
你看他耍的啥手腕。

有个地主郎三元，
我给他放牛整一年。

短下我工钱他不给，
外号人叫他“夺命鬼”！

工钱短下我四块二，
你听他说的什么话儿：

“回去吧！二小子，
像我家还能短下你的！”

有心人遇见无心汉，
咱穷人都是老实圪垯。

实心实意听了他的话，
两手空空回了家。

以后我总要过二十趟，
连人家面儿也见不上。

大门以外等了半天，
出来个打杂的把话传。

“二小子你怎么还不回去，
人家还没起来呢！”

肚子饿得咕咕叫，
双手空空又回来了。

以后地主传出了话，
要往出拨账呀！

拨在城里不拨在村，
拨给这人不拨给那人。

不想还了也就罢，
装腔作势摆他那臭架架。

那一日来也凑巧，
在路上把他遇见了。

咱还没好意思张口要，
地主的话儿先说了。

“嚇！二小子——
我这可短下你的见面钱啦！”

口袋里掏出一块二毛钱，
一下子摔到我眼前。

临走还留下一句话，
“再不准你到我们门上去扰啦！”

支差卖命一场空

二十六年鬼子进军，
阎锡山跑得一溜风。

地主们躲还怕躲不开，
咱给那“差务局”去支差。

兵荒马乱不安宁，
给人家支差顶上一条命。

喜得一家笑颜开，
一头骡子挣了回来。

骡子在自家吃了一夜草，
第二天村长找来了：

“借骡子使唤推个磨”，
咱心上不愿意嘴里不敢说。

三天头上村长来找我，
只见人来不见骡。

坐了下来就把口开，
话儿说得真奇怪。

记得先时有个灾荒年，
借了四旺子十四块钱。

连年都把灾荒闹，
这饥荒一直就没还了。

这些年来四旺也没要，
挣回骡子他也不知道。

听见枪响来吃鹿肉了，
村长替他把账要。

咱当时答应就说还，
他当下就把账来算。

本利算下四十块，
算完了账来把口开。

“你这骡子就是他这账，
我给你们把中人当。

不就多来不用就少，
两厢顶了就算了。”

一盆冷水头上浇，
一听这话心就哆嗦了。

"什么事儿都能成，
这件事儿可不行。"

莫说我欠下不到四十块，
就欠四十，也不能把我这骡子卖。

说来说去人家不听，
买了骡再还也不行。

好话说得舌头焦，
他一拍屁股就走了。

第三天他就把骡子卖，
卖下白洋一百二十块。

眼泪一滴接着一滴落，
大人孩子个个难过。

眼巴巴地骡子回不来啦！
哭呀哭得饭也咽不下。

就是你眼泪流成河，
那时的苦楚去同谁说？

把这世事放在如今，
我要吃他的肉啊才解恨！

被迫寻“神灵”

二十年受苦苦难言，
说上一年说不完。

还记得梁家地主的欺负，
还记得十三年没穿过一条裤。

小时候没有衣服穿，
夏天好过怕冬天。

冬天只有一个烂遮腰，
哪里有火哪里烤。

烤火熏得一层黑皮，
黑皮上裂口子是红的。

越冻越想把火烤，

越烤裂口子越多了。

裂子有大有小有深浅，
地主看见就讨厌。

见我就把“火盆盖子”叫，
连我的小名也没人叫了。

记得那年七八岁上，
站在墙下晒太阳。

猛觉得头上热乎乎的，
原来东家儿子朝我撒尿哩！

撒尿故意撒我一头，
骚水水顺着脖子流。

气得我抬头就噘他，
地主的儿子也答了话：

“你家还该我家的钱，
你噘我，我让我大哥来要啦！”

带哭进家告诉妈，
妈妈边哄边把尿擦。

“快悄悄地吧！
咱穷人还敢得罪人家。

尿上尿了它会干，
人家要账拿甚还？”

听了妈这两句话，
吓得我连哭也不敢哭啦！
……

揽工足够二十年，
世上的辛酸都尝遍！

二十年栽树年年开花，
二十年揽工捞下个啥？

心想神灵不在我家，
下狠心我二娃子去闯天涯……

说到这里笔者停住笔，
以后的说法令人疑：

有人说二娃子走了西口，
半路遇见赵承绶。

被抓丁让人牵着走，
也有人说他投了八路军。

还有人说他遇上大风沙，
从此骸骨无处寻。

更有人说他确实回了老家，
和众乡邻搞土改闹翻身。

第九辑　其　他

为争取民主而死

——挽闻一多、李公朴二烈士

我们是在辽远而又辽远，
偏僻而又偏僻的吕梁山区，
开一个肃穆的群众大会，
把远方的战友追悼。

我们的夜太黑太长，
付出的代价也最高。
现在太阳还未当空，
但红烛也一样高照。

我们流在一起的血一样殷红，
在战斗中也是：无论是子弹，
无论是诗、宣言、讲坛，
无论是奔走、呼号都一样。

这儿如果有眼泪，
会从汾河入海卷起怒涛。
这儿的悲痛和愤怒，
在战士的刺刀上闪耀。

高原做纸，蘸血润笔，
我们会继续谱写歌。
听啊——在山河大野之上，
“民主进行曲”高唱，直到破晓。

一九四六年四月兴县

（原刊《晋绥日报》）

他登上了山顶

眼前是一座大山，
如同野兽巨齿。
有一条奔腾的河，
环绕在山脚之前。

每条进攻道路，
都能遭到敌人侧射。
那条天然障碍的河，
有两挺重机枪封锁。

河面掀起排排水泡，
他的鞋陷进泥沙里……
传来了营部的命令：
二连主攻，一连预备队。
二连冲锋了……
他涉过河，打着赤脚，
在冲锋出发点等待，
准备着这场生死搏斗。

敌人有三面交叉的火力，

有居高临下的碉堡。
第一次冲锋失败，
第二次冲锋失败……
第三次冲锋——
连长挂彩、指导员挂彩。
他的眼睛通红——
不少同志倒下。

复仇！复仇！
满腔怒火激荡。
活着的战士，
组织起第四次冲锋……

历史早已证明：
固守优于进攻。
大河前的开阔地，
又阻止了队伍的冲锋。

紧张，千百倍的紧张，
愤怒，千百倍的愤怒。
他——这团火，
同战士一起宣誓：
"消灭敌人，支援二连，
不怕粉身碎骨，冲锋！"

他迅速把冲锋道路指好，
随即脱掉棉袄。
大叫："好同志跟我走！"
猛地跳出工事……
"排长，穿上双鞋吧！"
"不！"
"排长，披上件衣服吧！"
"不！"
蒺藜刺进肉里，
尖石割破脚掌。
子弹在耳边呼啸，
炮弹在近处爆炸。

过河了，冲过开阔地，
一个坎、一道崖……
山头已经不远，
碉堡近在眼前。

他扔出一颗手榴弹，
接着是战士们的。
一颗颗，一颗颗，
如一阵急风暴雨。

硝烟中——敌人动摇了……
硝烟中——他登上了山顶！
他活着——站在山顶上。
不是班长，不是排长，
是中原突围、
青化砭战斗捉十八个俘虏、
当选特等战斗英雄的——
一个普通兵。

他活着——站在山顶上，
撩去上衣光着双脚……

一九四八年九月

放在渭河边上的花圈

十一年前，
我站在渭河边上，
那雨后的渭河呀，
卷起千层怒波，
我绝望的眼泪也点点滴落。

我回顾身后，
古城如阴森的地狱，
挣扎着万千受难兄弟，
没有光亮，没有声息……
为着对光明的寻求，
我身后追踪着恐怖的枪口。

我瞭望北面山峦，
似乎看见鲜明的红旗，
在峰峦后面迎风招展。
在贫困中生长的身心，
热切地向往那伟大的召唤。

在草滩渡口上——

我七个同行的伙伴，
落入了恐怖的蛛网。
稚小与褴褛使我幸免，
我孤独地徘徊在渡口下游，
眺望遥远的北山，
又俯听脚下奔腾的怒浪。

在咆哮的渭水之旁，我啜泣，
哪里是我的归宿？
夜是已经近了，
遍野的秋虫正在哀叫。

你从苍茫的暮色中走来——
赤着双脚，拖着疲惫之身，
满布皱纹的眼角，
黝黑的皮肤。
我看出——你是个船夫。
我开始请求你的援助，
并且向你泣诉——

在这个世界上，
我是一个孤儿，
死去了母亲、父亲……
承担起七块钱的债，

不得不卷起一叠报纸，
在长街上吆喊叫卖……

炮声响了，
我们的国家卷入战斗，
无数青年奔向延安。
我稚弱的心灵也开始烧燃，
但，还未跨出罪恶的门槛，
我已失掉同行的侣伴。

发怒的河水，
和着你轻轻的叹息。
你坐下来，点燃一袋烟，
在烟缕的飘绕中，
你回忆痛苦的过去——

生在渡船上，
长在渡船上，
老了啊还在船上，
在激流里你撑着船。
在岸上你拉着纤，
发狂地用力，长长呼喊，
头呀都贴近地面。
风吹雨打，烈日炎炎，

肩上压着生活重担。

你说：在艰窘的年月，
你用女儿换过三斗麦。
你说：这渭河呀，
你真是又爱它又恨它，
离开它又有什么办法？
农民用泪水浇地，
种麦的吃不到麦，
这儿的土地是一片血海。

我说：那身后的城市，
电灯不是为我们亮的，
麦子不是为我们碾碎的。
我曾跑得腿酸又喊得口干，
无依地躺在马路旁，
倾听远处传来的歌唱。
为反叛这种命运的安排，
我才跑出来！

谁看见了——我们的眼泪，
汇在一起，掉进渭河里？
谁听见了——这一切？
只有月亮呀从云间，

俯视大地的苦难！

狂怒的河水在身边哗然作响，
没过膝盖、没过肚脐……
在惊骇的浪涛里，
你扶着我慢慢向前淌去。

十月的天气水是凉的，
但一股热流却暖着我的心——
像是傍着一个兄长，
更像是傍着一个父亲。
我的眼泪又掉下来，
只有同一悲苦的人之间，
才有真正的温暖。

我上岸了，
小鸟向北，
将展开它的羽翼，
而你重又踏入险恶的浪涛里。
我伫立在河岸边——
看着你，看着你，
直到听不见水声拍岸。

这渭河的水呀——

涨了落，落了又涨，
十年的日月是这样长。
十年后——
我重又踏上渭河边的土地。

在千万人转换命运的日子，
我怀着无限的欢喜。
我知道那鲜红的太阳，
将从渭河边的原野上，
高高升起！

哎！这五月的田园呀，
开着金子似的黄菜花！
这五月的麦田呀，
像海洋似地摆着笑浪！
阔别了十年的渭河，
你还是那样爱撒娇——
一阵儿平稳，
一阵儿顽皮吗？
我的船夫哥哥呵，
你还是在船上摆篙、掌舵……
过着你那劳苦的日子吗？

在草滩渡口上，

在船夫们的热情包围里，
我没有寻见你，
却打问到你的儿子。
意外地从他嘴里，
我听到你可悲的遭遇。

——你的心这样热，
你对渭河又这样熟。
更多的青年由你的帮助，
踏上北方的坦途。

八年前的一个漆黑夜，
天上下着蒙蒙细雨，
当你从梦中惊起，
三个狗腿子已用枪逼住你，
骂你、打你、拷问你……
你始终默无一语。
三天后在渭河下游，
发现你被捆绑着的尸体。
……
永远和暴风雨搏斗的海燕呵，
永远屹立在山河之上的峰巅呵，
只你，能比拟战士的勇敢，
只你，能给战士志以永久的纪念！
……

你知道吗——在渭河之滨，
我和你的儿子谈着未来、希望：
更多的桅杆将竖在渭河上，
满载的船只将穿梭般来往。
更多的桥梁会架在渭河上，
让火车汽车奔驰。
两岸的沟渠会听见潺潺水响，
五月的风将播送浓重的麦香。

不会再有人卖儿卖女，
不会再有孤儿在马路旁啜泣。
幸福生活的歌声，真诚的笑，
将永远飘在渭河上。

听到你的噩耗，
我悲哀却不曾哭泣，
心挫伤了，却不丧失勇气。
今天所有受你帮助过的人，
都站在自己的位置上。

今天，我们千万个兄弟，
正渡过渭河，浩浩荡荡。
巨大的炮车、闪亮的机枪、
彪悍的战马……

今天，我们正在追残击，
扫除渣滓的残余。

太阳下的渭河，
闪着金光，
摇摆着欢笑的波浪。
抖落身上的泥土，
摆脱最后一次回忆的痛苦，
我向渭河、向你告别。
雄壮的军号吹得这般响亮，
在千万人的脚步高踏，
千万人翻身的欢呼中，
在渭河两岸的禾海里，
愿你——安息。

一九四九年九月西安怡园里

送你一枚“宝塔山”

——欣赏“革命圣地延安”邮票

小小的邮票牵人心，
引我回乡又做延安人。

我闻呀——闻到了陕北高原黄土味，
我听呀——听到了延河桥下延河水。

宝塔山上的宝塔，
你还是挺立在苍空白云下？

延河水哟照旧流，
你还是一往无前不回头？

相隔着关山千万里，
想和你亲亲地唠两句。

相隔着关山千万里，
到现在还闻见枣花香哩！

多少连阴天没月亮，

还看见窑洞里有灯光。

石砌的礼堂土打的窑，
越来越觉着你站得高。

高过了天山高过昆仑，
东方天边挂红云。
……

远方的朋友呵莫悬念，
我给你发信报平安。

送你一套邮票作纪念，
信封上还贴枚“宝塔山”。

让它去访问大山大川，
大洲大洋都走遍。

走遍了大洲和大洋，
谁不知道“小米加步枪”！

从这里唱起“东方红”，
延安人留下延安作风。

井冈山、延安、天安门，
前人洒鲜血后人踩脚印。

要耍钢枪硝烟里，
要扛红旗扛到底！

风吹不倒来雷电击不败，
红旗下站定了一代又一代。

信天游唱遍五大洲，
山丹丹花开四季有……

朋友呵！小小的邮票莫看轻，
语意深长情愫重。

插在册中不褪色，
藏在心中心垂明！

一九六四年七月十二日

第十辑 附 录

（在新世纪）

雪夜遐思

纷纷扬扬，飘飘洒洒，
为何九天云气，
都化做冰水之花？
弥天的房舍桥路，
兴安岭上万千林木，
一时都化做大地婚纱。

远隔重洋，可还有，
卖火柴的小女孩？
俄罗斯依旧《严寒……》[①]，
涅克拉索夫是否走远？

从千里外的边塞，

注：① 指俄国涅克拉索夫的著名长诗《严寒 通红的鼻子》

你是否听到历史悲鸣的号角，
可曾见贺兰残月、大雪弓刀？
今天可还有“立雪”的学子，
或者遭贬京官，踌躇蓝关道？
江雪中还有一叶扁舟吗——
斯人访友，遗下千古风骚！

我们是否和那种戏文永诀：
千年前的六月泣血，
至今有人栖身古庙、
深山洞穴。

在夜间，还是在夜间，
天宇中春雪飘洒不绝。
酒杯斟满哦——干了！
高诵一阙《沁园春——雪》，
唤来满腔壮怀激烈！

二月

大多在二月，
欢娱连接惋叹。
人生匆匆，岁月无情，
本应盘点内心世界——
是否为春蕾储下雪水，
以为年过古稀，
就只顾自身欢悦？

尽管——你踏着硝烟走来，
军衣上有过弹孔，
用黑豆喂过肚子……
你唱啊：起来，不愿做奴隶的人们，
在战火中度过青春岁月。

为着不愿抹去人生本真，
政治漩涡几番将你吞没。
背负着沉重的十字架，
你哭过——为本应得到的呵护！

你哭过，除了缪斯真爱的唇吻，

你什么没有经历过？
你醒了——原来是一个梦！
梦是一切又不是一切。

大多在二月，
爆竹在空中炸裂。
春节来临，
又到万象更新时节。

祖脉

这世界——
有了黄土、黄沙、黄河，
才有了青铜般的肤色。
有了中国，
才有巍巍昆仑，
三江滔滔，日夜唱歌。
兴安岭连接青藏高原，
天空蔚蓝，白云如絮，
树木苍翠，湖水清澈。

你已经见过麦浪滔滔，
还有菜花的艳黄。
知道今天春日的多姿，
都来自历史上的殷红颜色。
世界有了黄色，才有中国，
才现出地球的色彩斑驳。

四月的雨

——苍天的脸色

四月的雨是天哭，
不是洒向纪念碑，
是洒向——
没有姓名、没有墓碑的荒冢野骨。

极地的雪山融化，
四月的雨也是谴责，
人们对地球的欠债太多。
眼前的灾害，
只是让人类初尝苦果。

四月的雨是苍天震怒——
屠杀也有了“进步”，
战争倾泻了成吨钢铁，
引来狂风飞雪的报复！

四月的雨也是温情灌溉——
嫩绿、花朵、佳禾。
跨越心界地界，
呼唤爱的胸膛广博……

四月清明

四月清明，
是拥抱的日子。
地上和地下的，
相聚在一起，
大家都没有哭泣。

四月清明，
是回望的日子。
生时忙忙碌碌，
不经意留下一点芥蒂。
回首已是两个世界，
永远隔绝。

四月清明，
是追悔的日子。
早知今天的离索，
当初怎么都不分别。

四月清明，

是天女散花。
花瓣撒向墓碑，
撒向青山，
更飘向万千野骨。
地下的他和她啊，
你们可知道：
地上的他和她，
正有千言万语，无法诉说……

五月的鲜花

少年时——我们唱着它：
鲜花开遍了原野，
掩盖着志士的鲜血。
满腔悲愤，
为了民族危亡。
满腔悲愤，
投入战斗的行列！

而今又是五月，
大和族中人，
早已忘却烧杀抢掠。
而我们的征衣已经褪色，
只为了永不忘却——
仍在低吟：
鲜花依然开遍原野，
腔中呢——依然是血！

借意《老人与海》

老人执拗地出海，
面对惊涛恶鲨没有选择。
而你，不过是少年匹夫，
手无举枪之力，胸无战策。
你选择了按动电键，
不，也是电键选择了你，
让电波，
为领袖们运筹帷幄。

谁说——
“小米加步枪”已经定格，
要知道——

我们的“潘多拉”宝盒，
不比敌人逊色。
在交战中发展了信息业，
坐拥青灯的“榔头兵”，
一刹那化做了万千“博客”。

兴凯湖

（一）

兴凯湖，兴凯湖，
北方苍原上的明珠！
在阴霾的日子，
你接纳了戴罪的孩子，
展开了博大的胸怀。

泥泥水水，沉沉浮浮，
是劳动就有收获。
究竟是光荣还是耻辱，
怎样才能使灵魂彻悟？

（二）

阳光下是万顷波光，
湖上飘着歌声。
这边是毛泽东，
那边是斯大林、列宁。

信念跨越疆界，
我们同是公社的子孙。

兴凯湖，兴凯湖，
有时啊云层遮没月亮。
涛声伴着叹息：
这边有彭德怀，
那边有图哈切夫斯基！

兴凯湖，你说啊为什么，
人类的敌人常常是自己？

（三）

我们怎能料到：
顷刻间湖上阴云密布，
转眼朋友变成敌人，
难道又要排兵布阵？

我们又怎能料到：
严寒的完达和北方大湖，
竟也成为热土！

我们从尴尬中走来，
分别时又触动了情怀！[①]
我们的汗水已渗进黑土，
泪水也洒进过界湖。
这是否构筑了新的灵魂？
我们早已结交成好友！

鸥鸟在湖上盘旋，
风雨下的湖啊，
哪里是边，哪里是岸？
每年、每年……
鸥鸟度过秋天就飞走了，
只留下单调的潮汐，
奏出历史的沉重悲叹。

注：① 为中篇小说《一半朝霞一半雪》（待出版）配诗，其中主人公 1967 年秋，从密山农场又要迁往黑龙江绥凌农场。

云雀

乌鸦几声哑啼，
夕阳掉进层山里。
黑夜和寂寥降临，
夜莺整夜哭泣。
唱着悲凉和离散之歌，
只有云雀，冲向海面。
高声欢叫着，消逝在——
升起的太阳里……

又是一天过去，
朝霞漫天，山林苏醒。
虫高吟，花影重，
叶乱落，鸟争鸣。
谁在演奏“百鸟朝凤”？
情调如此热烈，
使人忘记昨日的一夜。
现时天上还有鹰隼，
地下出没着狡兔……
她是否知道：
夜莺泣血，云雀殉节！

后记

从我开始写作到现在，七十年过去了。生命赐予我一个“天文数字”。那时助我习作的人物景况，历历在目又如梦如幻，逼真而又遥远。我没有想到搜集并整理旧作，是一个耗力费时的苦差，也是一个痛苦的过程。当年的“晋绥人”何在？肃穆而立的大度山，唱着欢乐之歌的蔚汾河能告诉我吗？我向当年所有在晋绥工作和战斗过的同志致敬。诗，是对环境的抒怀，是触景生情的精神产品。谈诗不能不想到人。

一九四一年，我的首篇习作，投给军分区出版的《战线报》，是纪念建党二十周年的。那时军内的报纸都是油印的。从一九四五年起，我才向《晋绥日报》等报刊投稿；几乎每稿必用。这得益于殷白（张惊秋）、胡正等老师的教导和帮助。那时写诗的人少，报刊又需要有补白的内容，也是重要因素。

此后我由晋西北、晋中、晋南而西安，又有胡采和《群众日报》编辑们的教导和帮助，我的涂鸦之作短时期内见报较多。一九五〇年在胡海、王亚凡等同志的帮助下，出版了诗集《太阳红》，该诗集中的诗全是从发表过的作品中选取的。

除了以上提到的人，我还要感谢《人民文学》早期的编辑老师，在第二卷中发表了我三篇小文。其中《这样的战士》一文，当即被选入初中语文课本，并被班级相同的"速成"、"中专"…… 广泛沿用。该文最初也是采用诗歌形式，后来觉得太受拘束，才改用散文形式。它在课本中存在了四十余年，并被收纳于《现代散文百篇选辑》（天津人民出版社），以及相关的网站。遗憾和愧悔之处，在于全国首屈一指的文学刊物，屡次问及我的创作计划时，我竟没有回应。那时所想——我只是个"游击队员"，有什么创作计划，别辜负了刊物对我的期望和提携。

一九五六年，我将本集内前五辑的诗，包括过去没有发表的作品，鼓起勇气投给了人民文学出版社。不久即收到作家出版社的回信，除了鼓励性词句外，主要指出某些诗的修改意见，并希望我把较长的诗一并寄给他们看看。我误以为此即退稿信，就没有按出版社的要求做，直到他们再次来信催稿，并进一步了解作者情况，我才知道对出版社的本意领会错了。无奈当时我正处在人生的三岔路口，情况复杂不及详述。总之放弃了这一宝贵的机会，由此造成写作方面很大的遗憾。

近七十年前的诗歌，虽然经过整理，但环境和要求已大大改变，意义也今非昔比。但又想到"塞翁失马"，也许新生代中的知我者，会赋予它以新的意义。目前文化机构改制，基层演出单位成千上万，本集的内容，也许会给它们带来些"创意"也说不定。

近日在某网站上有柴静的一篇博文《过去是未来的导向》，拜读后很受启发，增加了我让旧作晒太阳的勇气。现代文学、文化界中的专家、高端人士和诗友们怎么看？并何以助我？

本集中第六、七两辑，就是当年提到的那两篇较长的诗，新中国成立后未见天日，主要是"自惭形秽"和畏难，尤其是出版之难。再如，把繁体字改为简体字，甚至重新抄写一遍之难。我当时的字，自己都难以辨认了，且纸质泛黄发脆。特别重要的是有的诗在内容和形式上有千篇一律之感，改动比较困难，虽然事实就是如此，但仍应尽量避免雷同。

集内“其他”一辑，是因风格不同而另列的，删掉了一些我认为次要的作品。而回信中提到而没有找到的作品，只好放弃了。最后一辑“附录”大约是2003年试写的，没有多大意义，编入集内是想请知我者和四面八方的朋友，一窥全豹而已。

我以为，在中国，好诗应当具有泥土的芳香，具有很多重要的里程碑式的转折和成就，是由“乡巴佬”完成的。好诗不是献给自己的。其次，好诗是否应当有点火药味儿，看到硝烟和战士的身影，哪怕只是一个轮廓。不敢妄言诗歌的道路还很漫长，拒绝“模糊”、“哲理”……并且能让大多数人看懂就好。门外汉“论道”让人见笑了。我现在是坐着轮椅，静静地安然地在等待，为笑到最后的人鼓掌。

恭请指正。

作　者

2011-8-7